겁쟁이가
세상을
지배한다

다원의 자연선택론과 적자생존의 비밀

겁쟁이가 세상을 지배한다

Lob der Feigheit

프란츠 M. 부케티츠 지음 | 이덕임 옮김

우리에게는 죽은 영웅들은 너무나 많고 살아 있는 겁쟁이는 너무 적다.
많은 사회에서 칭송받아온 용감한 병사들은 수세기 동안 용기의 희생양
이 되었고 지금도 그러하다. 하지만 그들의 행동이 남겨진 자의 찬양을
받고 기념비로 새겨진다고 해서 이것이 그들에게나 우리에게 도움이 되
는 것은 아무것도 없다.

이가서
Leegaseo publishing

일러두기

1. 인명, 지명 등을 포함한 외국어는 원어의 발음에 가깝게 표기하는 것을 원칙으로 했다.
2. 단행본은 《 》로, 그 외 희곡, 시, 영화 등은 〈 〉로 구분했다.
3. 모든 주는 각주로 처리했다. 단 역주는 본문 안에 두었다.

'쩨쩨한 녀석' '겁쟁이' '겁쟁이 개' '겁쟁이 돼지'와 같은 표현을 비롯해 용감하지 못한 사람을 꾸짖는 말은 수없이 많다. 사람을 호칭할 때 '개'나 '돼지'와 같은 단어 앞에 겁쟁이라는 관형사를 덧붙이는 것은 그렇게 불리는 사람에게 아주 큰 모욕감을 안겨준다(대체적으로 부정적인 뉘앙스를 풍기는 '개'나 '돼지'라는 표현이 이들 동물의 잘못 때문은 분명히 아닌데도). 우리 사회에서 이런 표현을 사용하는 것은 법과 질서의 세계에서는 금지되지만 (사람의 성격을 왜곡시킨다는 의미에서) 이 같은 표현이 적절한 것처럼 보이는 상황이 존재하므로 이런 표현이 완전히 없어지기는 어려울 것이다. 용기나 용감성은 궁극적으로 미덕으로 받아들여지지만 비겁함은 부덕으로 여겨진다.

그러나 이 같은 편견을 바꾸어야 할 때가 왔다. 이제 비겁함을 예찬할 때가 온 것이다. 좀 더 가까이 들여다보면 비겁함이야말로 생물의 기본적 활력소이기 때문이다. 우리에게는 죽은 영웅들은 너무나 많고 살아 있는 겁쟁이는 너무나 적다. 이것이 이 책의 핵심적인 표어이다.

책의 원제목은 인본주의자였던 에라스무스 폰 로테르담^{Erasmus} Von Rotterdam, 1469~1536이 쓴 《바보 예찬》과 인류학자이며 유인원 연구학자였던 볼커 소머^{Volker Sommer}의 《거짓말 예찬》(1994)이라는 책에서 빌려왔다. 두 저자는 일반적으로 우리가 비난하며 사람들이 자신보다는 타인에게서 찾아내기를 즐기는 부덕을 공통적으로 예찬했다('바보'와 '거짓말쟁이'는 둘 다 불명예스러운 호칭에 속한다). 그러나 두 저자 모두 바보스러움과 거짓에는 긍정적인 요소도 포함되어 있으며 삶의 중요한 자극제가 됨을 일러준다. 그런 생각의 연장선에서 나도 비겁함을 옹호하려고 한다.

우리에게는 죽은 영웅들은 너무나 많고 살아 있는 겁쟁이는 너무나 적다. 많은 사회에서 칭송받아온 용감한 병사들은 수세기 동안 용기의 희생양이 되었고 지금도 그리하다. 하지만 그들의 행동이 남겨진 자의 찬양을 받고 기념비로 새겨진다고 해서 이것이 그들에게나 우리에게 도움이 되는 것은 아무것도 없다.

자살 폭탄테러범은 자신뿐만 아니라 수많은 사람까지 죽음으로 몰고 간다. 하지만 그가 자신의 행위에 만족한다 하더라도 그 행동이 동정을 얻을지는 몰라도 예찬을 받을 만한 가치는 없다. 정치적 현실에서 알 수 있듯이 그들이 죽음을 무릅쓰고 구하고자 하는 사회가 더욱 구렁텅이에 빠지는 결과를 가져올 뿐이다. 그들의 행동은 의미 없는 어리석음으로서 에라스무스의 예찬을 받을 만한 가치도 없다. 범죄적인 이념을 위해 자신을 희생하기에는 지나치게 겁이 많은 사람들이야말로 오래 살아남을 가능성이 더 크며 이 때문에 자신과 타인을 위해 선행을 할 가능성도 많다. 이는 쉽게 말할 수 있다. 목숨을 잃을까 두려운 마음에 명령을 거부하고 전쟁터에서 도망친 병사는 군법정에 끌려갈 위험을 무릅쓰며 그래서 자신의 생명이 더 큰 위험에 처할 수도 있다. 다시 말해 '겁쟁이'는 어떤 상황에서는 아슬아슬한 행보를 하기도 한다. 그렇다면 위와 같은 관점으로 비겁함을 옹호하는 것이 과연 타당한가? 나는 독자들이 인내심을 가지고 페이지를 넘겨주기를 간청한다. 그리고 내가 독자에게 말하고자 하는 뜻을 명확하게 전달할 수 있기를 바란다.

'들어가기 전에'에서 나는 이미 부덕으로 취급받고 있는 비겁함이 어째서 영광의 자리에 오를 만한 가치가 있는지에 대해 말했다. 또한 용기란 예찬을 받을 만한 미덕이 전혀 아님을 1장에서 명확하게 밝히고자 한다. 나의 주장과 떼어놓을 수 없는 이론으로 진화론이 있다. 그런데 다윈의 '적자생존'의 법칙은 용감함과 용기와 관련된 것이 아닌가? 대답은 '아니오'이다. 내가 2장에서 설명한 것처럼 적합성은 용기와 혼동되지 말아야 한다. 이 시점에서 다윈의 이론과 결부된 오해를 푸는 것이 중요하다고 생각된다. 따라서 3장과 4장에서는 자연에서 생물체에게 (특히 '약하고' '겁이 많은' 생물체의) 생존의 가능성을 높여주는 여러 가지 생활과 생존전략에 대해 다뤄보겠다. 즉 나는 책의 주제를 폭넓은 자연의 역사라는 관점에서 다루고자 한다. 인간의 행위도 이 자연의 역사의 한 부분으로 진화의 과정 속에 깊이 뿌리를 내리고 있다. 모든 종류의 유기체는 개체의 생존을 위해 살도록 되어 있기 때문에 생물체를 설명하는데 자연의 역사 관점보다 더 나은 것은 없을 것이다.

5장과 6장에서는 비겁함을 새로운 미덕으로 끌어올리기 위해 용기나 용감함은 자연의 세계에서 생존을 위한 규범이 될 수 없다는 도덕철학적 결론을 이끌어낸다. 이러한 결론에서 우리가 교훈을 얻을 수 있기 바란다.

이쯤에서 내 주장에 비판적인 독자들이 내가 '자연의 힘을 빌려' 비겁함을 옹호하고 동물의 세계에서 널리 퍼진 생존 방식이라는 이유로 비겁함을 미덕이라 부른다며 나를 질타할 것이 눈에 훤하다. 여기서 내가 하고 싶은 말은 용기나 비겁함은 모두 자연과는 상관없이 인간이 만들어낸 용어에 불과하다는 것이다. 우리는 특정한 행동을 미덕의 지위에 올려놓고 또 어떤 행위는 부덕으로 격하한다.

자연은 언제나 중립적이다. 인간도 자연과 완전히 분리되지 않은 존재이므로 자연 역사의 관점에서 우리의 가치를 질문해보는 것은 (문화적 존재를 떠나) 타당하다고 생각한다. 이 책을 읽는 독자가 즐거움과 흥미를 느끼기 바라지만 다른 한편으로 주제의 심각함도 함께 받아들여주기를 기대한다. 비록 예언자적인 열정을 가지고 소리 높여 외치지는 않지만 나는 여러분이 심각하게 고려해볼 수 있는 메시지도 전달하고자 한다. 결국 비겁함을 예찬하는 것으로 다음과 같은 소망을 이루고자 한다. 나는 우리가 수상쩍은 이념의 이름으로 우리에게 용기를 요구하고 재앙의 씨앗을 퍼트리려는 수많은 음험한 시도를 무시했으면 좋겠다. 또한 이 책으로 싸움 잘하는 전사와 희생양을 필요로 하지 않는, 현세적이고 진화적인 인본주의와 인본주의적 가치가 뿌리내리게 할 수 있는 바탕을 마련하여 우리가 자신의 삶을 즐기고 타인도 동참할 수 있기를 희망한다.

이 책을 쓰는 과정에서 나는 비겁함에 대한 기록이 거의 없음을 확인했다. '용기'와 '용감성'은 철학사전이나 용어사전에서 거의 대부분 찾아 볼 수 있으며 물론 4대 덕목(절제, 지혜, 정의, 용기 – 옮긴이)의 한 부분을 차지하기도 한다.

'비겁함'은 놀랍게도 오로지 '용기'나 '용감성'의 반대 개념으로만 언급되어 있을 뿐이다. 비겁함은 우리 사회에서 대체로 금기시된 것이 아닐까 생각된다. 삶의 어디에서나 볼 수 있는 모습임에도 우리는 비겁함과 일종의 불편한 관계를 맺고 있다. 이에 대해서는 볼테르가 자기애에 대해 역설적으로 표현한 것을 눈여겨볼 필요가 있다.

'사람들이 자기애에 이끌려 행동한다는 것은 두말할 나위가 없다. 자기애는 자기 보존을 위해 필요하다. 이런 점에서 우리의 번식 기능과도 비슷하다. 이 또한 …… 우리가 아끼며 소중하게 여기고 우리를 행복하게 만드는 요소지만 우리는 이것을 숨기고 살아야 한다.'

비겁함이 우리를 행복하게 해주지는 않을지 몰라도 삶과 생존에 있어 중요한 동력임에는 틀림없다. 그러므로 우리는 더 이상 이것을 숨겨야 할 필요가 없다.

이 책의 출간을 허락한 히르첼Hirzel 출판사와 특히 자신의 프로그램 속에 내 책을 포함하는 용기를 보여준 크리스티안 로테

Christian Rotte 박사에게 깊은 감사를 드리며 아울러 중요한 조언과
함께 큰 도움을 아끼지 않은 안겔라 메더Angela Meder 박사에게도
감사를 표하고 싶다.

— 프란츠 M. 부케티츠(Franz. M. Wuketits)

content

00 Chapter

부덕不德에
대한
예찬

위험을 무시하고 견디는 과정을 거쳐 우리는
용감하게 되고 이 용감함은 위험과 대적할 수 있는
최상의 무기가 된다.
— 아리스토텔레스

어느 정도의 소심함은 세상을 통달하는 데 꼭 필요하다.
하지만 지나치면 비겁함이 되고 만다.
— 쇼펜하우어

용기를 찬양하는 것은 어렵지 않다. 절제와 지혜, 정의와 더불어 용기는 고대 서양의 4대 덕목이었다. 무모함도 인간의 미덕으로 인정받지 못하지만 위험을 두려워하거나 회피하려는 태도도 환영받지 못한다.

　용기란 인간이 공격당하거나 위험에 처했을 때 무조건 도망치거나 무모하게 덤벼드는 대신 침착함을 잃지 않고 상황을 정확하게 판단하여 결정을 내린 다음 확신을 가지고 온 힘을 다해 실천하는 것이다. 이 결정이 저항이나 공격 또는 숨거나 후퇴하는 경우라도 말이다.

현대의 《도덕사전》에는 용기를 '비록 심각한 위험에 처해 있거나 위험의 가능성이 있더라도 또는 개인의 외부 환경(사회적 지위나 힘, 육체를 포함한 모든 소유물)이 침해를 받을지라도 올바르다고 생각되는 목표를 향해 가는 것'으로 정의하고 있다. 즉 용기는 도덕적인 목적을 이루기 위해 두려움과 고통 그리고 위험을 넘어서는 용감함을 나타내는 덕목이며 비겁함과는 반대되는 개념이다.

말하자면 용기란 일종의 도덕의 범주에 속한 개념으로 개개인이 살고 있는 사회에 뿌리내리고 있다. 우리는 어릴 적부터 '용기를 내!' 또는 '용감하게 행동해야지!', '한 번 도전해보라고!'와 같은 말을 듣고 자랐다. 우리들 중에 겁쟁이가 있으면 그는 언제나 놀림 받고 꾸중을 듣기 마련이었다. 용기 있는 행동은 항상 그에 합당한 보상을 받았고 영웅들은 (사후에도) 큰 존경을 받았다. 이러한 현상은 무엇보다 다음과 같은 사실에서 잘 드러난다. 빈Wien에 있는 영웅기념비나 영웅광장을 비롯해 독일어권 지역 각처에 흩어져 있는 영웅의 거리나 미국 일리노이 주의 실비스에 있는 영웅의 거리 그리고 파라과이의 아순시온에 있는 영웅기념관Panthéon de los Heroes이 이 예에 속한다. 또 특별히 용감하다고 인정받은 사람들은 (이들의 생전에) '용맹함을 위한 메달Tapferkeitsmedaille'이나 '용기의 별' 또는 '용맹의 메달' 따위를 수여받았다. 하지만 겁쟁이를 위한 기념관이나 비겁한 자를 위한 메달은 눈 씻고 봐도 찾을 수 없다. 용기나 영웅적인 행동에 대한 이같이 대단한 찬

사는 이러한 행동이 통상의 경우를 넘어선 특별한 행동이기 때문이다. 그것이 그저 자연스러운 행동이라면 특별한 대접을 받을 이유가 전혀 없다. 그러나 우리는 이 점에 대해서 더 생각해보아야 한다. 또 용감한 행동의 역사가 오래될수록 더욱 영웅적인 것으로 여겨지기도 한다. 그래서 오늘날에는 더 이상 영웅이 없다며 탄식하는 사람도 많다. 하지만 심심함을 참지 못하는 대중 매체는 끊임없이 영웅을 찾거나 만들어내고 있으며 용감한 구원자를 끝내 찾을 수 없으면 보통 사람을 미화하여 영웅화하기도 한다. 자신의 일과 가족생활을 훌륭하게 병행하는 사람이나 일에 성공하고서도 가족과 시간을 함께 보내는 사람이 이 예에 속한다(물론 이러한 사람들을 대단히 비범하다고 볼 수도 있겠지만 실제로 비범하다기보다 사회를 우롱하는 전제가 깔려 있다).

때로 용기는 어리석음에 가까울 때도 있고 만용으로 흐를 소지도 다분히 있다. 용기를 중요한 미덕의 하나로 예찬한 아리스토텔레스(BC 384~322)조차 이렇게 말했다.

"아무것도 두려워하지 않고 온갖 일에 뛰어드는 사람은 무모한 사람이다……." 다행히 인간은 불안과 공포라는 감정이 있기 때문에 대부분 '온갖 일에 뛰어드는 우*를 범하지는 않는다. 살인적인 이념(실제로 그 이념이 살인을 부추기는 의미에서)은 종종 수많은 대중을 행동에 나서도록 하는데 대중 속에 휩쓸리게 되면 개인은 대부분 용감해진다. 물론 이 때문에 (혼자만 아니라) 수많은 사람과 함께 목숨을 잃기도 한다.

이와 별개로 자신이나 다른 사람에게 용감하다는 것을 자랑하고 싶어 안달하는 바보도 많다. 케스트너E. Kästner(독일의 극작가 – 옮긴이)의 시극 〈로렐라이Der Handstand auf der Loreley〉에 나오는 인물로 라인 강 위에 솟은 바위에 한 손으로 짚고 서 있는 만용을 부리다 물에 빠져 죽음을 맞이한 곡예의 대가도 이에 속한다. 또 2007년 2월, 술에 취한 뒤 오스나브뤼크Osnabrück에 있는 자신의 아파트 13층 베란다 난간에서 뜀뛰기를 하다 균형을 잃고 아래로 떨어져 즉사한 43세 된 남자의 사례도 있다. 실제이거나 문학 작품 속에 위와 유사한 경우는 아주 많다. 이 책에서 여러분은 이러한 예를 많이 볼 수 있을 것이다.

왜 우리는 용맹성 또는 그것도 모자라 만용에 이끌리는 것일까? 비범한 행동(중범죄를 저지른다거나 자전거로 대륙을 횡단하거나 자신의 생명을 희생하는 행동 따위)을 하는 사람은 이러한 행동의 이유나 동기를 떠나 사람들의 특별한 관심을 받는다.

보편적으로 인간은 안전한 삶을 추구한다. 이것은 잘 알려진 사실이다. 그러나 놀랍게도 안정된 위치에 있는 사람일수록 기꺼이 위험을 무릅쓰는 것으로 나타났다. 일반적으로 우리는 '안전한 지위'에 도달한 사람은 더 이상 위험을 무릅쓰지 않고 그 자리에 머물기를 원할 것으로 생각한다. 하지만 사람은 분명히 그렇지 않은 존재이다. 우리는 대체로 자신의 가능성을 시험해보기를 원하며 미개척지를 향해 '한 발짝 더 나아가고자' 한다. 그렇지 않다면, 다시 말해 우리가 모두 제자리에 머물기만 바란다면 지금까지 새로운 발명이나 발견은 결코 이루어지지 못했을 것이다.

또한 우리는 아직도 나무 위에서 살고 있을지 모른다. 정력적인 연구가와 탐험가 그리고 발명가가 끊임없이 새로운 세상을 창조하고 어떤 이는 자신의 목숨을 바치기도 했다.

물리학자였던 게오르크 리히만Georg W. Richmann, 1711~1753의 예를 들어보자. 그는 전기학과 열역학thermodynamics 분야에서 후일 중요한 업적이 되는 연구를 하고 있었다. 리히만은 폭풍우가 치는 동안 발생하는 전기현상에 관한 연구를 하던 중 번개에 맞아 목숨을 잃었다. 그의 용감한 연구 활동은 기상학에 엄청난 발전을 가져다주었고 리히만의 죽음은 번개현상과 전기 사이에 상관성이 있음을 확실히 증명해주었다.

그러므로 용기와 용감함은 예찬을 받아 마땅하다. 그렇다면 비겁함을 예찬할 이유가 어디에 있다는 말인가? 이 책이 그에 대한 대답을 어느 정도 해줄 수 있기 바란다. 그러나 내가 말하는 비겁함은 생명을 지키고자 하는 인간의 본성이라는 점이다. 나는 이 한 가지 이유만으로도 비겁함이 충분히 미덕이 될 수 있다고 생각한다. 용맹성보다는 비겁함이 최소한 위험에 처했을 때 더 현실적인 판단에 따른 방식임을 도덕주의자들은 생각하지 못했을 것이다.

인생은 예측할 수 없는 수많은 위험을 안고 있으며 우리를 둘러
싼 세상은 고난으로 가득 차 있다. 다른 생물체와 마찬가지로 인
간도 살아남기 위해 최선을 다하도록 만들어졌다. 그러므로 진화
를 거쳐 인간은 생존 가능성을 높이기 위한 전략을 최소한 어느
정도는 발전시켰다. 달아나거나 숨거나 또는 위험을 피하거나 엄
폐물 뒤로 몸을 감추거나 하는 전략은 생명을 구하는 방법으로
언제나 유효했다. 물론 이러한 행동을 비겁하다고 말할 수도 있겠
지만 중요한 것은 용맹함이 생존을 보장해주지 못한다는 점이다.

생물학적, 진화론적 관점에서 살펴볼 때 우리는 (나중에 자세히
검토하겠지만) 비겁함에는 충분한 이유가 있음을 알 수 있다. 이런
관점에서 보면 용기는 때로 '비생산적'이기도 하다.

진화론적인 관점을 낯설어하는 도덕주의자들은 용기를 칭송하
는 반면에 비겁함은 멸시해왔다. 또한 자아를 인정하고 받아들이
는 대신 '자기 부정'을 지나치게 강조해온 면도 있다. 러셀Bertrand
Russell, 1872~1970이 적절하게 비판한 대로 개인에게는 행복한 삶을
추구할 가치와 권리가 있다. 이것을 다른 말로 표현하면 '개인적
윤리로서의 이기주의는 긍정적으로 보면 의미가 있을 뿐만 아니
라 각자의 삶에 중요한 역할을 한다. 이는 자기 부정이나 자기 비
하의 금욕적 윤리관에서 볼 때보다 더 높은 가치를 지닌다.'

하지만 개인주의가 경시되고 자기만족보다 자기희생이 고귀하
게 평가되는 풍조에서 비겁함은 불명예를 벗어나기 어렵다. 하지

만 도덕주의자의 말에 흔들리지 않고 성직자나 사제가 원하는 것은 오직 개인주의의 소멸이라는 사실을 간파한 이들은 곧 자기 자신을 발견하고 개인 존재의 고유한 가치를 깨닫게 될 것이다. '행복하게 사는 것이 부끄러운 일이라고 주장하는 이들의 말에 현혹되지 말라.' 용기는 행복한 삶을 약속할 수 없으며 비겁함이야말로 더 나은 방법이라 할 수 있다.

비겁하다는 것은 겁에 질려 바지에 오줌이나 싸대는 것을 의미하지 않는다(게다가 아무도 그러한 상황을 견딜 수 없을 것이다). 그보다는 보다 긍정적인 태도이며 삶을 존중하는 방식이다. 비겁함이 부덕으로 간주된 것은 여러 이념이 개인의 자기희생을 부추기고 무욕無欲과 함께 어느 정도 자기부정을 강조해왔기 때문이라 할 수 있다. 비겁함 속에 감추어진 미덕을 깨달으려면 자신의 중요성을 부정하며 자신을 맨 아래쪽에 놓기만 희구하는 생각을 버려야 한다. 하지만 겁쟁이들은 자신의 삶을 소중하게 여기고 삶에 중요성을 부여하며 그런 자신의 생각에 맞게 행동한다. 다른 사람의 더 나은 삶을 위해 내 삶을 바쳐야 할 이유가 도대체 어디에 있다는 말인가?

지금까지 이 책에서 내가 말하고자 하는 주제가 대략적으로나마 전달되었기를 바란다. 이는 삶과 생존의 문제이며 도덕과 비도덕의 문제도 여기에 포함된다. 이 책의 내용이 여러분을 행복한 삶으로 이끄는데 조금이나마 도움이 되기 바란다.

01 Chapter

용기 있는
자들의
비참함

문명화된 사회에서는 착하고 소심한 사람이 용감한
사람보다 훨씬 유용하지만 여전히 우리는 본능적으로
용기 있는 자들을 겁쟁이보다 더 높이 평가한다.
— 찰스 다윈(Charles Darwin)

인간은 평범한 일상을 넘어서려는 노력을 하면서 엄청난
모험을 찾아 나서야 한다든지 인간 존재의 한계를
내다보고 또 넘어서야 한다고 생각했다.
이 때문에 위대한 미덕이나 지탄 받을 부덕이라는
개념이 생겨났고 창조적 행위나 파괴적 행동이
마찬가지로 멋지고 매혹적인 것으로
비춰지게 되었다.
— 에리히 프롬(Erich Fromm)

이로써 용기 있는 자는 찬양의 대상이 되었고 검쟁이는 놀림감이 되면서 경멸당하는 것을 두려워할 지경에 이르렀다. 이 지구에는 사회가 개인의 용기를 시험하는 것을 당연하게 받아들이는 문화가 많이 남아 있다. 이런 사회의 젊은이는 전사의 지위를 얻기 위해 또 용맹함이 성숙함의 징표임을 증명하기 위해 정해진 관문을 통과해야 한다. 예를 들어 아프리카의 부시맨 사회의 나이든 어른이 젊은이를 야생의 들판으로 데리고 가 아무것도 없는 상태에서 추위와 배고픔을 견디도록 하고 밤이면 공포에 질리게 하여 겁을 주는 전통이 있다. 이러한 시험을 거쳐야 그 젊은이는 사회의 책임 있는 구성원이 될 자격을 얻게 된다. 이러한 잔인한 통과의례의 목적은 명백하다.

인간은 공동체를 위해 자신을 희생할 준비가 되어 있어야 하는데 그러자면 집단의 가치를 특별히 주입할 필요가 있다. 여태까지 누려왔던 것을 빼앗기는 아픔을 겪은 후 집단의 가치를 기꺼이 배우게 될 뿐만 아니라 일련의 사건은 청년의 머릿속에 잊히지 않는 경험으로 자리 잡게 된다. 진정한 남성 클럽에 가입하는데는 대가가 필요하다. 이런 사회적 시험을 통과한 집단의 구성원들 사이에는 강한 연대감이 생겨나게 된다.

다윈은 자신의 저서에서 '미개한 원시시대'에는 용기가 없는 자는 자기가 속한 부족에서 쓸모없는 사람으로 인식되었으며 용맹성이 높이 평가되었다고 말했다. 아마 맞는 말일 것이다. 대체로 우리는 겁쟁이보다 용감한 사람을 따르기 마련이다. 두려움을 느끼는 상황에서는 용감한 사람이 더 쓸모가 있다. 그러므로 동화나 전설, 모험 소설의 주인공은 대부분 아무것도 두려워하지 않는 전사이자 영웅이다. 이들은 위기가 닥치면 몸을 아끼지 않고 나쁜 용을 죽이고 거대한 곰을 퇴치하며 사자와 맞서 싸운다.

특히 사람이 아닌 무시무시한 괴물을 물리칠 때는 큰 존경과 찬양을 한몸에 받는다. 예를 들어 헤라클레스가 갓난아이 적에 맨손으로 독사 두 마리를 목 졸라 죽인 행동이나 온 나라를 벌벌 떨게 한 거대한 멧돼지를 잡은 영웅적인 행적을 생각해보라. 한

가지 문제는 우리의 현실에서 이러한 영웅적 행위가 언제나 성공하지는 못하며 때에 따라 용맹스러운 행동의 대가로 목숨을 잃는 사람도 있다는 점이다.

그런데 이러한 행위는 문학작품 속에서 종종 예찬되었다. 고대 게르만족의 전설을 그린 〈영웅의 노래Heldenlied〉에서는 죽음조차 '그 죽음으로 영웅이 해야 할 일이 성취되었을 때'는 찬양의 대상이 되었다. '그들에게 삶은 어렵고 장애물로 가득 차 있으며 긴장의 연속에다 타인과 자신에게 고난의 연속이었다.'

하지만 제임스 본드는 어떤 상황에서도 살아남는다. 그가 엄청나게 위험한 임무 수행 중에 죽임을 당한다면 주인공의 캐릭터를 창조한 의도와 배치되기 때문이다(게다가 수백만 명의 관객도 깊이 실망할 것이다). 물론 제임스 본드는 비극적인 캐릭터가 아니다. 그의 마음을 괴롭히는 것은 아무것도 없으며 매력으로 가득 찬 이 영웅은 모르는 것이 없고 무슨 일이든지 할 수 있다. 오늘날 가상 세계에 존재하는 영웅들은 온갖 무시무시한 위험을 다 헤쳐 나갈 수 있다(그래야만 한다!). 하지만 뛰어난 능력의 소유자로 알려진 오스트리아의 어떤 소방관은 얼마 전 한 신문과 가진 인터뷰에서 자신은 영웅이 아니며 영웅이 되고 싶지도 않다고 밝혔다. 젊은 나이에 목숨을 잃고 싶지 않다는 것이 그 이유였다. 사실 이 소방관의 말이 훨씬 더 현실에 가깝다.

소방관이 정말 용감하게 행동하여 사람의 목숨을 구하는 경우가 많기는 하다. 그렇다고 해서 불을 우습게 여기고 구조에 나선다면 그처럼 어리석은 행동도 없을 것이다. 이들이 아무런 두려움 없이 불속으로 뛰어든다면 결과적으로 누구에게도 도움이 되지 않을 수 있다. 이런 점은 산악구조대원이나 분쟁지역에서 구호활동을 하는 사람에게도 마찬가지로 적용된다. 그들은 수많은 위험을 이겨내야 하고 종종 자신이 구해야 하는 사람과 비슷한 위험에 빠지기도 한다. 이때 눈앞에 닥친 상황을 겁내지 않고 무시한다면 이런 행위는 구조 상황에서 큰 도움이 되지 못한다.

겉으로 보기에 겁이 없어 보이는 동물이 실제로는 어떻게 행동하는지 동물의 세계를 관찰하다 보면 나의 말을 더 잘 이해할 수 있을 것이다.

공격이 언제나 최선의 방어는 아니다

수세기 동안 인간은 많은 동물이 사람까지도 거침없이 공격하며 겁이 없고 위험하다고 생각해왔다. 전설 속에 존재해왔던 로크^bird rock(독수리와 콘도르를 거대하게 확대한 전설에 나오는 동물 - 옮긴이)나 바다뱀을 비롯한 여러 괴물을 제외하더라도 말이다. 이 상상의 동물들은 물론 현실 세계의 동물을 표본으로 삼았다. 우리는 자신이 위협받는다고 느끼면 (혹은 그렇지 않을 때조차도) 인간을 포함해 눈앞에 보이는 모든 것을 사정없이 공격하고 죽이는 상어나 호랑이 또는 늑대와 같은 무서운 육식동물을 떠올린다. 이러한 공격적인 맹수의 이미지는 우리의 머릿속에 뚜렷하게 각인되어 있다. 그중에서도 상어는 위험한 괴물의 대표적인 예이다. 스티븐 스필버그Steven Spielberg가 1970년에 감독한 영화 〈조스Jaws〉는 이러한 상어에 대한 편견을 굳히는데 단단히 한몫했다(우리는 이 영화를 아직도 텔레비전에서 종종 볼 수 있다). 물론 연골어류에 속하는 상어 중 많은 종류가 인간을 공격한 사실이 있고 이에 대한 자료는 국제 상어 공격 파일International Shark Attack File에서도 확인할 수 있다.[1]

그러나 우리는 상어의 행동에서 특별히 어떤 용맹성도 발견할 수 없다. 하스H. Hass와 아이블 아이베스펠트는 다음과 같이 기술했다.

상어는 배가 난파하여 희생된 사람에게조차 머뭇거리며 접근하는 것으로 보고되었다. 상어는 시체의 주변을 빙빙 돌다가 살아

---

[1] 자료를 보면 연간 평균 100회 정도 상어가 공격한 사건이 일어나는데 그 중 5~10건이 사망으로 이어진다고 한다. 비교를 한번 해보자. 여러 신문 보도에 따르면 오스트리아에서는 2007년 한 해 동안 1월과 8월 사이에 5명이 낙마 사고로 목숨을 잃었다고 한다. 하지만 자신이 즐기는 스포츠가 상어의 공격만큼이나 위험하다고 생각하는 사람은 아무도 없을 것이다. 우리의 이런 잘못된 추정 방식에 대해서는 나중에 다시 논의할 것이다.

있는지 확인하기 위해 코로 슬쩍 건드려 반응을 본다. 여러 번의 확인 끝에 자신의 표적이 전혀 반응하지 않고 따라서 위험하지 않음이 확실해진 후에도 상어는 본격적으로 덤벼들지 않고 처음에는 조금씩만 먹이를 뜯어 먹었다. 이는 육식동물의 전형적인 행동 방식이다. 겁 없는 전사가 오랫동안 살아남기 힘든 것처럼 도망치는 본능을 잃어버린 육식동물도 생존의 확률은 그리 높지 않다.

상어의 예를 보면 우리는 공격이 최상의 방어라고 말하는 상식의 모순을 발견할 수 있다. 실제로 상어가 먹잇감(바다표범이나 그보다 작은 육식어류 따위)을 공격하는 것은 승리가 확실하거나 자신이 위협당한다고 느낄 때뿐이다. 상어가 수영하는 인간을 공격하는 것은 아마 자신의 먹이(바다표범 등)와 혼동한 결과가 아닌가 생각된다. 이들은 인간을 물고 난 후 대개 후퇴하는데 인간이 보통 취하는 먹이가 아님을 알아챘기 때문이 아닌가 짐작된다. 물론 자신의 용기를 증명하기 위해 상어를 자극하거나 공격하는 얼간이는 없을 것이다.[2]

---

2 게다가 인간 때문에 위험에 몰린 상어의 상황은 상어가 인간에게 끼칠 수 있는 위험보다 비교할 수 없이 나쁘다. 이 연골어류를 경제적으로 이용하려는 인간들 탓에 많은 종(種)의 상어가 멸종 위기에 처했다. 예를 들어 백상어나 귀상어 또는 긴꼬리상어의 개체 수는 급격하게 감소되었다. 수많은 자연재해에도 살아남은 이들 어류가 인간이라는 재난에 부딪혀 멸종해버리지 않을까 우려가 크다.

물론 우리가 상어를 갈 곳을 잃은 금붕어와 같이 생각하지는 않겠지만 그렇다고 해서 무조건 겁 없이 인간을 공격하는 괴물로 여겨서는 곤란하다.

까마득한 옛날부터 인간을 무자비하게 공격하는 동물로 알려진 또 다른 동물을 예로 들면 늑대가 있다. 늑대는 수많은 민담이나 우화 그리고 동화에서 피에 굶주린 동물로 묘사되어 왔다. 여러 민족의 문화 속에 비춰진 늑대의 모습은 잔인하고 호전적일 뿐만 아니라 속임수도 잘 쓰는 동물로 늘 경계의 대상이 되었다. 자연에 가까운 생활을 하는 민족인 이뉴이트족Innuit(에스키모인 – 옮긴이)이나 아메리카 인디언들에게 늑대는 참다운 동물로 받아들여졌지만 농촌 사람이나 목축업자에게 이들의 존재는 대부분 오로지 사악한 힘을 상징할 뿐이었다. 유명한 프랑스의 자연역사학자 뷔퐁Georges L. L. de Buffon, 1707~1788은 늑대를 다음과 같이 묘사했다.

전체적으로 볼 때 불쾌하고 비열한 모습을 하고 있으며 사나운 얼굴과 거칠고 기분 나쁜 목소리, 견딜 수 없는 냄새 그리고 사악하고 길들여지지 않은 본성을 지니고 있어 살아 있을 때는 해만 끼쳐 증오의 대상이 되며 죽고 난 후에도 아무런 쓸모가 없다.

하지만 근대에 들어 동물을 통속적으로 묘사하는데 '대가'였던 알프레트 에드문트 브레헴Alfred Edmund Brehm, 1829~1884은 이렇게 말했다.

'위험한 동물이 떼를 지어 다니면 인간뿐만 아니라 다른 동물도 겁을 먹고 두려움에 떠는 것은 당연하다.'

물론 사슴이나 양 그리고 소는 늑대를 보면 도망치는 것이 최선이고 사람도 늑대와 맞붙지 않는 것이 현명하다. 그러나 한편으로는 늑대가 사람을 쫓아낸 것이 아니라 인간이 늑대를 쫓아낸 것이 사실이며 그 결과 유럽 전역에서 늑대는 사실상 멸종되었다.

그런데 늑대는 실제로 얼마나 공격적일까?

에릭 치멘Erik Zimen은 피에 굶주린 늑대에 대한 일반적인 인상을 상대화하는데 큰 공헌을 한 동물연구가로 늑대들이 싸울 때 얼마나 조심스러운 태도를 보이는지 잘 설명하였다.

동물들의 공포 본능이 싸움에서 아주 중요한 역할을 하는 것 같다. 보통 먼저 공격을 시작하는 늑대는 처음부터 상대 늑대를 세게 물지 않는다. 만일 그렇게 되면 상대방도 자신을 세게 물지 모른다는 공포가 거친 공격을 제어하는 것이다. 척박한 환경에서 살아가는 늑대에게는 조그만 부상이라도 목숨을 부지하는데 치명적일 수 있다. 따라서 부상을 막기 위해 이러한 공포 본능이 작동한다는 이론은 상당히 설득력이 있다.

그렇다면 늑대는 인간에게 실제 얼마나 위험한 것일까? 물론 우리는 늑대가 절박한 위협을 받는다고 느낄 만큼 도발적으로 행동해서는 안 된다. 늑대가 인간을 먼저 공격하는 경우란 거의 없다. 몹시 배가 고플 때 인간이 사는 곳 가까이 내려오기도 하지만 그것은 인간을 차례대로 잡아먹기 위해서라기보다 먹이를 구하려는 '희망' 때문이다. 그러므로 피에 굶주린 늑대라는 관념은 괜한 호들갑에 지나지 않는다.

어느 시대에나 늑대에 대한 편견은 널리 있었다. 이 억측은 시대의 상황에 따라 실제 늑대의 행동과 상관없이 만들어진 것이다. 밤에 울부짖는 한 떼의 늑대 울음소리는 다음날 피투성이로 발견된 가축과 함께 사람들의 마음속에 온갖 공포와 두려움을 심어주었다.
어쨌든 사람들은 늑대가 위험하다고 믿어 의심치 않았고 그 옛날에는 늑대와 악마 사이에 모종의 계약이 있다고 믿는 사람도 꽤 많았다.

늑대는 '공격이 최상의 방어이다'라고 하는 일반적인 생각에 반대되는 예를 보이며 오히려 조심하는 것이 효과적임을 알려준다. 늑대는 두려움을 모르는 동물이 아니라 모든 생물체와 마찬가지로 최대한 오래 살아남고자 하는 것뿐이다.

힘센 동물에 속하는 상어와 늑대도 이처럼 조심스럽지 늘 용맹성을 보이지 않는다는 사실을 알고 나면 우리는 이들보다 방어 능력이 약하고 몸집이 작은 동물들은 훨씬 더 조심스럽게 행동한다는 것을 자연스럽게 받아들일 수 있다.

여기서 한 가지 예를 들어보자. 황금자칼이나 붉은여우는 갯과에 속하는 동물로 모두 비슷한 방식으로 살아간다. 하지만 붉은여우에 비해 황금자칼은 3배 이상 몸집이 크다. 이 두 동물이 공생共生하고 있는 이스라엘에서 이들을 연구해 다음과 같은 결과를 얻었다.

근처에 죽어서 몸이 찢긴 황금자칼을 놓아두면 그 냄새를 맡은 붉은여우들은 별다른 반응을 보이지 않는다. 하지만 살아 있는 자칼이 근처에 있다면 이들은 태도가 돌변하여 이곳에는 얼씬도 하지 않는다. 여우는 같은 갯과 동물인 자칼을 겁내기 때문이다.

말할 것도 없이 붉은여우가 자신보다 훨씬 큰 육식동물과 대적한다는 것은 어리석은 일임에 틀림없다.

그러나 인간을 비롯해 상대에 용감하게 공격하는 동물도 있다. 행동학(동물 행동의 특성, 의미, 진화 따위를 비교·연구하는 학문. 생물학의 한 분야이다. – 옮긴이)에서는 이러한 행동을 '위기 상황에서의 반응'이라고 부르며 일상적인 표현으로는 '절망적인 상태에서 비롯된 용기'라고 한다. 개나 늑대가 궁지에 몰렸을 때 갑자기 상대를 무는 것과 같은 행동을 연상하면 된다. 개에게 쫓기던 고양이가 구석에 갇혀 더 이상 도망갈 수 없는 상황이 되면 돌발적인 행동을 취하는 것을 볼 수 있다. 갑자기 개를 공격하는 것이다. 이렇게 되면 개가 흠칫 놀라 도망가기도 한다. 또 강심장을 지닌 어떤 고양이는 개를 만나자마자 등을 곧추세우고 개를 향해 공격적인 자세를 취하기도 한다. 고양이가 위협적인 자세로 '쉿, 쉿!' 소리를 내며 도망가지 않고 마침내 선제공격을 하는 것은 개가 애완견이 아닌 한 위험한 행동임에 틀림없지만 한편으로 평소의 굴종적인 모습에서 벗어남으로써 당당하게 살아남을 수 있는 확률도 커진다.

궁지에 몰리면 더욱 공격적으로 변하는 것은 사람도 마찬가지이다. 보통 때는 '심장이 콩알만 한' 사람도 공격을 당하면 상상할 수 없었던 힘을 발휘해 공격자를 물리치기도 한다. 그러면 공격이 최선의 방어라는 말이 맞지 않는가? 그렇지 않다. 앞에서 열거한 예는 생존하기 위해 다른 선택의 여지가 없는 상황에서 두려움 때문에 촉발된 반사 공격에 지나지 않는다.

이것은 새끼를 보호하기 위해 상대방을 먼저 공격하는 동물들의 상황과 유사하다. 자신의 새끼가 위험에 처하면 야생 암 멧돼지나 암곰 또는 암 거위는 매우 공격적으로 변한다. 그러나 이 또한 '보호 본능'이 강한 동물이 자신의 유전자를 지키기 위해 키워온 방어 전략의 하나일 뿐이다. 그러므로 새끼를 지키기 위한 어미의 '희생'은 진정한 자기희생과는 다르다. 하인로스^{O. Heinroth}도 다음과 같이 강조한 바 있다.

'수많은 감동적인 동물의 이야기도 이들의 본성을 이해하면 다르게 보일 것이다.'

그 본성 중의 하나는 의심할 바 없이 성공적인 재생산을 위한 동물의 본능이다. 하지만 모든 동물이 똑같이 자손을 잘 돌보는 것은 아니다. 생산성이 높은 동물은 대개 새끼를 널리 돌보는 행동을 하지 않는다. 한 마리의 암컷 굴이 일 년에 낳는 알은 5억 개 정도로서 (사실 그 자체로 놀라운 성과이다) '기술적'인 문제 때문에라도 어미가 새끼를 일일이 돌본다는 것은 불가능하다. 사실 어미 굴은 새끼를 전혀 돌보지 않고 '수가 많으면 할 수 있다'는 자연의 법칙에 따라 살아간다. 또한 이 정도의 숫자라면 새끼들이 부모의 도움이 전혀 없어도 어느 정도 살아남아 다음 세대를 생산해내는데 성공할 확률이 충분하다.

하지만 코끼리에게는 다른 법칙이 적용된다. '모든 새끼는 아주 조심해서 보호해야 한다.' 보통 암 코끼리는 22개월이라는 긴 임신 기간을 거쳐 4년에 한 번씩 새끼를 낳는데 그것도 코끼리가 열 살이 넘어야 수태가 가능하다. 그러므로 새끼가 특별히 보호받는 것은 지극히 당연하다.

그렇다면 6천만여 년 전에 멸종되었으나 오늘날에도 언론에서 대단하게 다룰 뿐 아니라 고생물학이나 동물학에 흥미가 없는 사람조차 관심을 보이는 동물의 세계를 한번 살펴보자. 그것은 다름 아닌 공룡의 세계이다. 자신의 길을 가로막는 것이면 무엇이든지 죽여버리는 파괴적인 육식공룡의 상징으로 티라노사우루스Tyrannosaurus보다 더 적합한 동물이 있을까? 티라노사우루스는 몸길이가 자그마치 12m 가량인데다 키는 5m나 되고 18cm나 되는 무시무시한 이빨이 있었다. 그러니 이 동물에게 심각한 위협이 될 만한 천적이 있어 자신을 보호할 필요가 있었다고 상상하기는 어렵다. 티라노사우루스는 그 자체로 뛰어난 공격본능을 지닌 '살인 기계'로서 주위를 공포에 얼어붙게 만드는 존재였다. 그것만으로도 우리는 수많은 세월 동안 지구를 지배했으며 지금까지 알려진, 지상에서 가장 큰 육식동물이었던 원시시대의 거대한 동물이 어떠한 특성을 지녔을지 능히 짐작할 수 있다. 스티븐 스필버그가 연출한 영화 〈쥐라기 공원Jurassic Park〉에 등장하는 이 동물은 한 번의 울부짖음으로도 사람의 피를 얼어붙게 만드는 무서운 존재이다. 영화감독으로서 경탄할 만한 재능을 가진 스필버그는 이 '짐승이면서도 괴물'인 동물을 영화로 만드는 것을 좋아했음이 분명하다. 그렇지만 이 무서운 파충류는 놀랍게도 손(앞발)이 아주 짧고 뭉툭해서 먹이를 입으로 가져가는 것이 거의 불가능했다. 게다가 오래전에 알려진 대로 이 거대한 동물은 감탄할 만한 체구에도 불구하고 장점만 갖춘 것이 아니었다.

티라노사우루스는 보통 네발짐승이 취하는 자세를 유지하는 것이 불가능했다. 이 공룡은 뒷다리로 간신히 몸의 균형을 잡고 엉덩이를 어기적거리며 움직이는 동안 힘센 꼬리로 머리와 몸체의 균형을 유지해야 했다.

또 가끔은 엉덩이를 걸치고 앉거나 꼬리로 몸을 받치고 휴식을 취할 수 있었던 것으로 보인다.

여기서 한번 생각해보자. 그런 자세를 취하고 있을 때 티라노사우루스는 방어에 약할 수밖에 없고 자신보다 작은 포식捕食동물의 공격을 받아 죽임을 당할 수도 있었을 것이다.

〈쥐라기 공원〉을 제작하는 동안 스필버그의 과학고문 역할을 했던 고생물학자 존 호너John Horner는 티라노사우루스는 살아 있는 동물을 사냥할 능력이 없어 죽은 동물의 시체를 먹고 살았을 것이라는 의견을 내놓았다. 사실 이러한 견해는 뵐쉐W. Bölsche의 책에서도 볼 수 있듯이 완전히 새롭거나 독창적인 내용이라고 보기는 어렵다. 여기서 중요한 것은 티라노사우루스뿐만 아니라 수많은 공룡의 종種이 다른 동물을 공격하기보다 자신을 보호하기 위한 수단으로써 스스로 신체를 '발달'시켰다는 것인데 이 중에는 키가 수 미터에 이르는 공룡도 포함된다. 트리케라톱스Triceratops는 몸길이가 9m나 되고 무게가 5톤에 이르렀던 거대한 공룡으로 머리 주변에 거대한 목주름이 있으며 눈 위에 몸통의 3분의 1

에 해당하는 거대한 뿔이 나 있었다. 또 공룡의 많은 종이 실제로 다른 동물의 공격에 견딜 수 있도록 골판이나 갑옷과 같은 피부로 몸을 감싸고 있었다.

2억 5천 1백만 년 전 무렵부터 시작해 6천 5백만 년 전 무렵에 끝난 중생대의 원시 파충류의 예를 보더라도 공격이 언제나 최선의 방어는 아니었음을 알 수 있다. 덩치는 크지만 어리석어 눈에 닥치는 대로 짓밟다가 자신의 둔중함 때문에 결국 죽음을 당하고 마는 공룡의 이미지는 적어도 1970년대까지 남아 있었지만 현대에 와서 완전히 바뀌게 되었다. 또한 공룡들 중에는 전혀 '무시무시하고 겁나는' 파충류로는 보이지 않는 몸집이 작은 공룡도 있었다.

이뿐만 아니라 영국의 지질학자 에드워드 히치콕Edward Hitchcock, 1793~1894은 여러 마리가 나란히 누워 있는 공룡 화석을 연구하고 사회적 생활을 영위한 공룡에 대하여 언급하였다.

공룡은 일반적으로 보아 분명히 어리석은 동물이 아니었다. 이들이 지구상에서 멸종했다는 이유로 우리가 공룡을 잘못 평가해서는 안 되며 포유류가 오랫동안 미약한 위치를 지키고 있을 동안 1억 년이 넘는 세월을 지구의 황제로 군림해왔다는 사실도 분명히 기억해야 한다. 우리는 멸종된 선사시대의 동물을 평가하는 데 신중해야 한다. 우리도 곧 다음 차례로 멸종한 동물이 될 수 있다. 인류가 영원히 살아남으리라는 믿음이야말로 진정한 오해

일 수 있다.

진화의 과정에서 일어나는 자연선택이 오직 크고 사나운 공격자에게만 유리한 방향으로 이루어지는 것은 아니다. 만약 이것이 진화의 원리라면 작고 방어력이 없는 동물은 이미 멸종하고 없을 것이다. 이러한 사실은 동물군動物群을 표면적으로 보기만 해도 알 수 있다. 동물의 세계에서 아주 몸집이 큰 동물은 그렇지 않은 동물에 비해 일종의 예외에 속한다. 우리에게 잘 알려진 포유류 중에 현존하고 가장 무게가 많이 나가며 몸집이 큰 동물은 흰긴수염고래이다. 육지에 사는 동물 중 몸집이 큰 동물로는 코끼리를 비롯해 코뿔소와 하마, 물소 따위를 들 수 있다. 하지만 포유류 중에 가장 많은 수를 차지하고 있는 동물은 설치류(쥐류)로 이중에서 가장 몸집이 큰 종류는 몸길이가 1m나 되고 체중이 50Kg에 가까운 카피바라Capybara라는 설치동물이다. 히지만 가피바라도 정말로 큰 포유류와 비교해보면 작은 편이다. 설치류에 속하는 나머지 3,000여 종에 속하는 포유류는 대부분 이보다도 훨씬 작다. 고양잇과에 속하는 40여 종의 포식동물 중 사자나 호랑이 또는 표범이나 재규어Jaguar(표범과 비슷한 고양잇과의 동물 - 옮긴이) 그리고 퓨마Puma와 같은 종이 당연히 가장 큰 동물이다. 하지만 이 외에 같은 고양잇과에 속하는 동물 중에서 치타를 제외하면 상대적으로 작은 동물이 대부분이다.

상대적으로 비슷한 동물이 분포하는 동물군에서도 진화의 목적은 무서운 종을 창조해내는 것이 아닌 듯하다.

　게다가 몸집이 큰 육식동물은 그리 흔치 않다. 지구에 현존하는 가장 큰 동물로 분류되는 흰긴수염고래는 거의 해를 끼치지 않는 동물이다. 흰긴수염고래는 주로 작은 게나 바다달팽이인 익족류翼足類, pteropods를 먹고 산다. 또한 오늘날 지구에 살고 있는 매우 큰 포유류인 코끼리나 하마 그리고 코뿔소는 초식동물이다. 2천 5백여만 년 전에 멸종했으며 화석으로 발견된 발루키테리움Baluchitherium은 코뿔소와 유연관계類緣關係(생물의 분류에서, 발생 계통 가운데 어느 정도 가까운지 나타내는 관계 – 옮긴이)가 있으며 지구 역사상 가장 큰 육지 동물로 현대의 과학기술로 추정해볼 때 몸의 높이가 5m나 되었다.

　그러나 동물의 세계에는 무척추동물이 대다수임을 생각해보면 (현존하는 약 5만 종의 척추동물은 거대한 동물 세계에서는 작은 부분에 지나지 않는다) 사실 살아남는데 크기는 중요하지 않음을 알 수 있다. 물론 무척추동물 중에서 문어와 같이 팔(발) 길이를 포함한 전체 몸길이가 18m에 이르는 거대한 종도 있지만 달팽이의 경우 가장 큰 달팽이도 달팽이집을 포함하여 60cm를 넘지 않는다. 종이 매우 다양한 곤충의 세계에서 가장 큰 곤충도 15cm를 넘지 않는다. 갑각류 중에서 60cm 이상의 동물은 예외에 속하며 3m가 넘는 환형동물環形動物(지렁이류와 같이 고리 모양의 체절 구조를 가진 무척추동물군의 총칭 – 옮긴이)은 희귀한 거대 동물로 인정된다.

여기에서 볼 수 있듯이 서로 다른 종보다 같은 종에 속한 개별적인 동물 사이에서 체구가 큰 경우에 이익을 볼 수 있음을 알 수 있다. 같은 종에 속한 다른 동물보다 덩치가 큰 동물은 자신의 포식자와 대적했을 때 더 유리한 위치에 설 수 있다. 하지만 지구 생명체의 발달 과정을 더듬어 볼 때 작은 동물일수록 살아남는데 더 큰 성공을 거둔 것을 알 수 있다. 곤충이 그 뚜렷한 예에 속한다. 지금까지 알려진 것만 해도 1백만여 종에 가까운 이 동물군은 (아직도 수백만 종의 곤충이 발견을 기다리고 있다) 현재까지 가장 다양한 종을 보유하고 있으며 아마 미래에도 이 사실은 변함이 없을 것이다.

곤충은 몸집이 작은 것 이외에도 다양한 환경에서 살아남을 수 있고 대체로 번식 능력이 높아 동물 세계의 실질적인 지배자로 불릴 만하다. 자연재해든 인간이 박멸해버리든 고등동물이 멸종하는 날이 오더라도 수많은 곤충류는 그보다 훨씬 오래 살아남아 지구 위를 날거나 기어 다닐 것이다.

자연선택Natürliche Auslese(자연도태)에 따른 진화의 역사를 보면 (다음 장 참고) 자연의 총애와 지지를 받은 것은 용감한 공격자가 아니었다. 또한 터무니없이 위험을 감수한 동물은 더더욱 아니었다. 이를 보면 인간만 유일하게 더 어리석은 것이 아닌가 하는 생각이 든다.

세상은 용기 있는 자들의 것이 아니다

1999년 7월 27일, 모험을 즐기는 여행객 21명이 스위스에서 급류타기를 하던 중 목숨을 잃었다. 급류타기란 가파른 협곡의 거센 물길에서 헤엄치거나 절벽을 기어오르기도 하고 또 산을 타기(트레킹)도 하는 스포츠를 말한다(이 책을 쓰면서 나는 처음으로 '급류타기'란 스포츠에 대해 알게 되었음을 고백한다. 또한 겁쟁이의 한 사람으로서 나는 사람들이 그러한 스포츠를 고안해냈다는 사실조차 신기할 뿐이다). 이들 여행객은 급류타기를 하기 위해 특수 신발이나 헬멧 따위의 최신 장비로 무장했다. 그런데 이날따라 폭풍우가 밀어닥쳐 계곡의 물살이 갑자기 엄청난 급류로 바뀌었다. 그러자 위험을 느낀 이들은 당황한 나머지 물살에 휩쓸려 물속에 빠진 채 돌에 부딪히거나 나무에 치어 모두 사망하고 말았다. 여기서 내가 묻고 싶은 것은 왜 인간은 자연의 힘을 항상 과소평가하는가가 아니며, 이러한 자연 재해가 닥칠 때마다 왜 인간은 이토록 당황하는가(매년 발생하는 눈사태의 희생자들이 적절한 예이다)에 관한 것도 아니다. 내가 하려는 질문은 '왜 인간은 이러한 위험을 선택하는가' 하는 것이다.

쿠베F. v. Cube는 이런 나의 질문에 대해 '자극적'이거나 경계를 넘어선 경험을 강하게 추구하는 우리 시대 인간의 성향과 연결지어 잘 설명했다.

사람들은 사는 동안 즐거움을 최대한 누리기 위해 힘쓴다. 그 이유는 현대 기술문명 사회에서 느끼는 지루함도 포함된다. 그런데 인간은 자신이 처한 상황을 판단하는 데는 서투르다. 다시 말해 '최대의 즐거움'이 언제 갑자기 즐겁지 않은 상황으로 변하거나 최악의 경우 죽음의 상황으로 변할지 잘 알지 못한다는 것이다. 왜냐하면 우리가 대체로 위험을 인식하고 판단하는 과정은 합리적 분석에 따르지 않고 감정적이고 직관적인 상상에 기초하는 면이 많기 때문이다. 그러므로 사람들이 비행기 추락사고로 사망할 확률보다 병원에서 치료를 받는 도중 의료진의 실수로 죽게 될 확률이 높다는 통계를 접하고는 대부분 놀라움을 금치 못한다. 위의 예에서 볼 때 실제로 몸이 아플 때는 병원에 가는 것보다 비행기를 예약하는 편이 나은 선택이라는 결론을 내릴 수도 있겠다(물론 승객은 잘 모르겠지만 비행기 사고에 대한 실제 확률은 '공식적'으로 알려진 것보다는 훨씬 높을 것이다. 그러나 비행기가 추락하여 승객들이 사망하지 않는 한 위험에 대한 확률은 오직 가능성으로만 존재할 뿐이다). 주로 미국에서 집계된 통계지만 분석가에 따르면 잘못된 의약품의 사용(!)으로 발생한 사망자수가 교통사고 사망자보다 많다고 한다.

　　너무나 안락한 문명의 삶에 싫증난 나머지 일상과는 다른 특별한 경험을 원하는 현대의 모험가는 살아남기 위해 위험한 행동을 해야 하는 사람과 근본적으로 다르다. 가뭄이나 홍수, 지진이나 지진해일(쓰나미)과 같은 자연재해가 많이 일어나는 위험한 지역에 사는 사람들은 자극을 위해 모험을 하지 않는다. 그저 살아남기 위해 싸울 뿐이다. 이 싸움은 위험하기 짝이 없다. 이러한 재난을 견뎌야 하는 사람들이 원하는 것은 무엇보다도 배고픔을 달래 줄 음식이나 지친 몸을 쉬게 할 휴식일 따름이다.

관광객이 모험을 추구하는 행동은 이들에게 의아함만 불러일으킬 뿐이다.

수백만여 년 동안 진행된 인간의 진화과정을 살펴보면 다른 동물과 마찬가지로 하루의 일과를 척박한 환경에서 먹이를 구하고 살아남기 위해 애썼다. 생존을 위한 투쟁에서 사냥은 아주 중요한 역할을 했다. 네안데르탈인은 일 년 내내 식물을 식량으로 사용할 수 없었기 때문에 사냥이 생존의 중요한 방식이었다. 이때 몸집이 크고 방어능력이 뛰어난 곰과 같은 동물을 사냥하는 것은 큰 위험과 직결된 행위였음은 굳이 상상력이 뛰어나지 않아도 쉽게 짐작할 수 있다. 우리의 선사시대 선조들(그들이 어떤 속屬이나 종 또는 아종亞種에 속했든)은 이러한 위험을 최소화하기 위해 서로 돕는 사회적 그물망을 구축했다.

그렇다면 가장 강한 사냥꾼은 용맹한 사람이었을까? 당연하다. 배가 고프면 누구라도 위험을 감수할 수밖에 없으니까. 배가 고파서 죽을 지경인 상황에서는 다른 선택의 여지가 별로 없다. 이것은 동서고금을 통해 살아 있는 모든 존재에게 적용되는 진실이며 오늘날에도 유효하다. 진화의 나중 단계에서 인간의 종은 (특히 선사시대의 호모 사피엔스는) 자기보다 몸집이 큰 동물을 사냥하기 시작했음이 밝혀졌다. 이것은 사냥꾼의 수가 더 많아졌기 때문이기도 하지만 (10~15명의 사냥꾼이 모이면 3~4명보다는 당연히 세력이 강해진다) 사냥 방법이 보다 능률화되고 사냥 도구(올가미나 새잡이 도구, 화살 등)가 발달했기 때문이기도 하다. 선사시대의 인간이 사냥의 능률을 높이기 위해 기술 발전을 꾀했다는 사실은 명백하다. '그리고 선사시대 사냥꾼의 용맹함과 대담함은 매머드의 몸집과 힘에도 굴복하지 않았다.' 물론 이들 매머드 사냥꾼의 용맹성을 비하하고 싶은 생각은 아니지만 (문명생활에 길들여진 우리는 그럴 자격도 없다) 이들이 그토록 용맹하게 사냥에 나설 수 있었던 이유는 사냥을 위한 지능과 기술이 뛰어난 수준에 이르렀기 때문이다.

물론 매머드를 사냥하는 과정에서 매머드뿐 아니라 인간이 죽임을 당하는 경우도 종종 있었을 것이다. 하지만 다른 사냥꾼보다 용맹함을 자랑하기 위해 매머드와 혼자 맞상대하는 어리석은 사냥꾼은 거의 없었으리라 짐작된다.

석기시대의 우리 선조는 고기뿐 아니라 식물도 섭취했다. 그렇지만 상황에 따라 식물을 먹는 것이 위험했다. 잘 알다시피 어떤 식물은 치명적인 독성을 지니고 있으므로 독초를 먹은 석기시대의 사람은 오래 살 수 없었다. 독초를 삼킨 사람이 친구나 배우자 앞에서 고통에 몸부림치며 죽어가는 모습은 살아 있는 사람들에게 무서운 교훈이 되었을 것이다. 살아 있는 사람이 사랑하는 이의 죽음과 마지막 식사 사이의 연관성을 발견했다면 이후 그 식물을 먹는 것을 피했을 것임은 틀림없다. 이러한 관점에서 보면 죽음조차 유용한 것으로 볼 수 있다. 하지만 우리의 선조가 불을 다룰 줄 알고부터 독성이 있는 식물도 조리하면 먹어도 해롭지 않다는 것을 어느 시점에 이르러 알게 된다.

이 세상은 용감한 석기시대 인간의 것이 아니라, 매우 영리하고 다가오는 위험을 알아차리며 그 위험에서 자신을 보호할 줄 알고 다른 사람의 실수를 거울삼아 같은 실수를 되풀이하지 않는 지혜를 배우는 사람의 것이다. 오늘날에도 이러한 원칙은 바뀌지 않았다.

자살하려는 의도 없이 에펠탑 위에서 뛰어내리는 바보는 자신의 행위로 우리에게 용기를 증명하는 것이 아니라 일반인이 이해하기 어려운 비정상적인 사고만 보여줄 뿐이다. 하지만 그런 사람들의 숫자는 극히 적다.

그러나 다른 사람의 생명을 구하기 위해 지극히 위험한 행동을 감행하는 사람은 어떤가?

우리는 대부분 이러한 사람에게 감동받기 마련이며 따라서 영웅은 영화 산업에서 매우 인기 있는 자리를 차지했다. 갑자기 운전자가 사라진 고속 열차의 운전대를 잡아 승객을 안전하게 목적지까지 데려다주거나 전문적인 비행훈련을 받지 않았지만 250여 명의 승객이 탄 여객기를 침착하게 착륙시키는 사람 또는 마지막 순간에 폭약을 해체시키는 사람이 이런 영웅에 속한다. 10여 초밖에 남지 않은 상황에서 어떤 선을 잘라야 하는가? 붉은 선? 아니면 푸른 선? 물론 영화에서 '영웅'은 대부분 맞는 선을 자르는데 성공한다. 그런 영웅에게 깊은 존경을 표하지 않을 수 없다. 사람들이 이와 같은 상황에 놓인다면 대부분 처참하게 실패할 것임을 우리는 잘 알고 있다. 물론 영화 속에서는 실제보다 훨씬 많은 것이 가능하다.

현실에서 소방관은 영웅의 후보자로 적합하다. 하지만 허구의 세계와 마찬가지로 현실 세계에도 우리는 믿어마지않던 영웅들이 살아남는 것을 좋아한다. 불이 활활 타오르는 집 안에 갇힌 두 명의 아이를 구하기 위해 집 안으로 뛰어들었다 나오지도 못한 채 아이들과 함께 불에 타 죽은 용감한 소방관의 이야기는 우리를 괴로운 감정에 빠지게 한다.

정말 그는 진정한 영웅일까? 우리가 허구의 세계나 현실에서 우러러 찬양하는 영웅의 모습은 위험을 무릅쓰고 뛰어드는 것에 그치지 않고 그 위험을 이기고 무사히 탈출하는 방법을 아는 사람이 아닐까? 다시 말해 우리는 모험을 두려워하지 않을 뿐 아니라 (종종 신기한 방법으로) 그 위험에서 살아남는 사람을 찬양해야 하지 않을까?

이 세계는 오로지 자신의 용기로 살아남아 여러 사람에게 이로움을 가져다주는 영웅에게만 큰 의미를 부여한다. 그런 경우가 아니라면 차라리 겁쟁이로 사는 편이 낫다. 이 세계에 흩어져 있는 수많은 전쟁기념관은 불쌍한 존재의 불쌍한 죽음을 증명하는 유산일 뿐이다. '하느님과 황제 그리고 모국을 위해 목숨을 바치다.' 이들이 표현할 수 없는 고통스런 죽음을 생각해볼 때 위와 유사한 문장의 위험한 어리석음에 통탄하지 않을 수 없다. 전쟁에 나선 병사들은 대개 영웅의 용기를 증명하기보다 살아남기 위해 최선을 다한다.

호이머 폰 디트푸르트Hoimar von Ditfurth, 1921~1989는 그가 쓴 흥미로운 자서전에서 제2차 세계대전 중 북부러시아 스위르Swir 강 부근의 전장에서 사병으로 싸웠던 경험을 아래와 같이 기술했다.

우리 부대의 분위기는 …… 한마디로 나빴다. 바깥에서 한 시간 동안 보초를 서는 시간이 영원처럼 길게 느껴졌고 (너무나 차가운 기온 때문에 더 오래 보초를 세우는 것은 그리 신중하지 않았던 상관들조차 생각해볼 수 없는 일이었다) 그 이후 나무로 지은 좁은 방에서 제복을 차려입고 군화를 신은 채 언제든지 출동할 수 있는 자세로 4시간 동안 잠을 잤다. 물론 보초를 서지 않는 동안 낮에 잠자는 것은 허용되지 않았다.

만성적인 수면 부족으로 병사들은 모두 활기를 잃었고 신경질적으로 변해갔다. 목소리에는 퉁명스러움이 묻어나왔다. '동지'를 대하는 태도에서도 불신과 남을 헤아리지 않는 이기심이 팽배했다. …… 기나긴 겨울밤 동안 시간은 그대로 정지한 것처럼 느껴졌다. 우리는 모두 마치 카렐리아Karelia 지방의 눈 덮인 사막에 갇혀 형벌을 받고 있는 기분이었다.

이러한 상황에서는 용기보다 인내가 더 중요하며 (죽은) 영웅이 되어 칭송을 받고자 하는 병사는 거의 없으리라는 것은 말할 필요도 없다. 물론 자신의 (용기 있는) 행동으로 다른 전우의 목숨을 구한 병사들도 있었다는 사실을 부정하고 싶지는 않다. 하지만 영웅적인 행위를 하기 위해 전쟁터에 나간 병사에게도 전쟁의 일상이라는 현실과 부닥치게 되면 나중에는 오로지 다치지 않고 돌아가고자 하는 소망밖에 남지 않을 것이다. 제2차 세계대전의 예에서 보더라도 수백만의 병사가 그러한 소망을 이루지 못하고 생명을 잃었다. 또한 권력에 굶주린 정치가들에 의해 시작된 베트남전쟁이나 한국전쟁을 비롯한 여러 전쟁으로 셀 수 없는 목숨이 죽어 나갔다. 이러한 학살은 지금도 계속되고 있으며 그것은 미국 대통령이 자신의 신념에 따라 세계가 행복해질 수 있다고 믿기 때문만은 아니다.

내가 비겁함을 예찬하려는 이유를 독자들이 이제는 좀 더 분명히 알 수 있을 것이다.

이와 관련하여 적절한 예가 한 가지 떠오른다. 이 사례는 특정한 상황에 부딪치면 사람들은 용기와 비겁함 사이에 가로놓인 좁은 길을 가로지르기도 한다는 것을 알려준다.

아버지의 사촌이었던 욘치Jontschi 아저씨는 매우 낙천적이고 활달한 성격을 지닌 분이었는데 (상당히 똑똑하고 느긋한 성격이며 땅딸막한 키에 145kg나 되는 뚱뚱한 체구를 가졌던 양반으로 돌아가신 지 20년도 넘었다) 제2차 세계대전 중 전방에 더 이상 있지 않으려고 스스로 다리를 쏘아 총상을 입혔다고 한다.

아저씨는 전쟁 초기에 러시아전선에서 사병으로 복무하면서 엄청난 두려움을 느꼈다고 우리에게 몇 번이고 이야기해주었다. 아저씨는 전쟁터에서 어떻게든 빨리 벗어나려면 자신에게 중상을 입히는 것 말고는 다른 방법이 없음을 깨달았다고 한다. 사람들이 완벽한 겁쟁이라고 주저하지 않고 부를 만한 인물이었다. 하지만 자신의 다리를 총으로 쏜다는 것이 어떤 것인지 생각해보라.

나치정권의 제3제국 시기에 군인이 자해를 한 것이 발각되면 곧바로 사형에 처해졌다. 나는 군사재판에 회부된 아저씨가 어떤 방법으로 적에게 중상을 입었다고 상관들을 납득시켰는지 잘 모른다. 어쩌면 전선의 혼란스러운 상황 때문에 아저씨의 경우 철저하게 검증되지 않았을 수도 있다. 하지만 '절망적인 상태에서 비롯된 용기'가 아저씨에게 그러한 행동을 하도록 부추겼으리라고 생각한다. 어떤 점에서는 그의 행동을 미친 짓으로 볼 수 있다. 어쨌든 아저씨는 이 때문에 전쟁터에서 일찍 집으로 돌아올 수 있었다. 이런 행동을 하지 않고도 아저씨가 무사히 돌아올 수 있었을 것이라고 누가 장담하겠는가?(잘 알려져 있듯이 러시아전선에서 전사한 독일군의 수만 해도 3백만이 넘으며 입에 담기도 힘든 그 야만의 시간 동안 죽어간 러시아의 일반 시민의 수는 2천 5백만이 넘었다.) 나는 아저씨가 그렇게 대담한 방식으로 자신을 지키고 (수십 년이 지난 지금까지도 자신은 '의무'를 다했다며 으스대는 많은 사람들과는 달리) 자신의 행동이 두려움과 비겁함에서 비롯되었다는 것을 한 번도 감추지 않은 것에 대해 개인적으로 탄복한다.

범죄자들의 정권 밑에서 군복무한 것을 '의무'를 다한 것이라 부르는 것은 사실 터무니없이 뒷북을 치는 노릇이다. 그 상황에서 사병으로 복무하기를 거부하는 것이 오히려 수백만의 생명을 구할 수 있었던 해결책이라고 본다. 물론 내가 전쟁을 직접 겪어보지 않았기 때문에 이런 말도 할 수 있음을 잘 알고 있다.

제2차 세계대전을 비롯한 지금까지의 모든 전쟁에서 용감한 병사는 자신의 목숨뿐 아니라 다른 사람의 목숨까지 위험에 빠뜨렸다. 그래서 그들과 주위 사람이 얻은 것은 무엇인가? 용감한 병사와 비교해볼 때 차라리 신체검사에서 '부적격' 판정을 받은 '운 좋은 젊은이'를 칭송하는 것이 더 낫다. 부적격 판정을 받아 전쟁에 참가하지 않아도 될 뿐 아니라 (평화 시에는 군사교육이라는 엉터리 교육을 받지 않아도 되고) 그 시간에 자신과 다른 사람을 위해 의미 있는 일을 할 수 있기 때문이다.

하지만 '군복무에 부적격'이라는 것에 주변에서 부정적인 반응을 보이고 군 제도에 반대한다는 이유로 사람들의 비웃음을 받는 것은 개인에게는 견디기 힘든 일이다. 단체가 가하는 압력은 영혼에 커다란 상처를 준다. 하지만 비웃음을 사는 것이 죽는 것보다는 낫다는 것에 대해 나중에 다시 이야기하겠다.(5장 참고)

죽은 영웅들은 아무에게도 쓸모가 없다

이전에 언급한대로 에리히 케스트너Erich Kästner, 1899~1974의 시극 〈로렐라이〉는 '영웅의 죽음'으로 불리는 곡예사의 추락을 다루고 있는데 그 마지막 부분이 의미심장하다.

여기서 꼭 이야기하고 싶은 것은
곡예사가 아이와 부인을 남기고 떠났다는 것.
하지만 그런 걸로 불평하진 말아야지.
영웅과 전설의 세계에서는
살아남는 것은 중요하지 않으니까.

그러나 진화의 관점에서 보면 위와 정반대의 결론을 내릴 수

있다. 죽은 자보다는 살아남은 사람이 훨씬 더 중요하다. 가능한
한 오래 살아남는 것이 가장 큰 목표이기 때문이다. 다음 장에서
우리는 이에 대해 보다 자세히 다룰 것이다.

트로이전쟁을 다룬 호머Homer의 영웅 서사시를 보면 우리는 영
웅들이 모험에서 살아남아 생전에 명예와 영광을 차지하는 것에
대단히 많은 노력을 기울였음을 알 수 있다. 이들 영웅의 어깨에
는 살아남은 자들의 운명이 걸려 있다. 헥토르Hector(그리스 신화에
서 트로이의 왕자이자, 호머의 서사시 〈일리아드〉의 중심인물이다. – 옮긴
이)가 아킬레우스Achilleus(〈일리아드〉에 나오는 그리스의 영웅 – 옮긴이)
와 일대일로 싸우다가 전사하자 트로이의 운명은 끝장이 났다
고 헬레나Helena는 다음과 같이 탄식했다(헥토르의 아내 안드로마케
Andromachē를 위한 헬레나의 시 – 옮긴이).

오, 나의 남편이여
이렇게 젊은 나이에 나만 과부로 홀로 남겨두고
세상을 떠났구려.
제대로 피어보지도 못하고 시들어버린 목숨이여.

곧 도시는 몰락하겠지요.
만인의 피난처였던 당신이 죽었으니
도시의 보호자였던 당신이 죽었으니

멋진 여인들을 보호하고
활기찬 아이들을 보호하던 당신

곧 적들이 닥쳐 배를 약탈하고
나도 데리고 가겠지요.

그리고 나의 아이야, 너도 어미를 따라
고난이 기다리는 곳으로 갈 수밖에 없구나.

-〈일리아드〉 중, 후바치(Hubatsch) 역

여기서 우리가 기억해야 할 것은 일리아드에 나오는 주인공들은 보통 사람과 다른 영웅이라는 점이다. 이후 유럽에 등장한 기사騎士도 마찬가지다. 중세에 등장한 기사들은 특별한 계층을 이루고 특별한 예의를 갖추고(기사도) 비범한 의무를 수행하는, 두려움과 결점이 없는 사람들이었다. 말 그대로 영웅이 되기 위해 태어난 사람이었다.

에리히 프롬은 '영웅이란 두려움이나 의심이 없이 한계를 넘을 수 있는 용기를 가진 사람이다'라고 말했다. 하지만 죽은 영웅은 아무리 칭송을 많이 받아도 전설에서든 현실에서든 별로 쓸모가 없다. 사실 이들은 사람들에게 본보기가 되기보다는 나쁜 선례로 자리 잡기가 쉽다. 아무도 라인 강 위에 솟은 132m나 되는 바위

위에 한 손을 짚고 거꾸로 서 있다가 (또는 머리로 물구나무서기를 하다가) 떨어져 죽은 사람을 본받아서는 안 된다. 게다가 우리는 죽은 영웅들에 대해 칭송을 하기보다 대개 유감을 표시하는 일이 많다.

이들의 죽음이 아무런 이로움을 가져오지 못하고 다른 이의 목숨을 구하기 위한 희생의 결과도 아닐 경우에 대체로 그 죽음은 칭송받지 못하고 쉽게 잊히고 만다. 명예는 종종 특정한 상황에서 다른 사람의 목숨을 구한 사람에게, 그것도 사후에 주어지는 일이 많다. 그렇지만 아무런 보상을 기대하지 않고 고귀한 행동을 하는 인간이 사실 드물다는 점을 생각하면 순수한 이타심으로 다른 이를 위해 위험을 무릅쓰는 영웅이 많지 않음도 음미해 볼 만하다. 이는 누구에게나 생존 본능이 가장 강한 것을 생각해 보면 당연히 이해할 수 있다.

위의 견해에 반론을 펴기 위해 '자살'을 거론할 필요는 없다. 물론 자살은 모두 비극적 사건에 속하며 인간 사회에서 일종의 예외에 속한다. 전 세계적으로 하루에 1,000여 건의 자살이 일어난다. 지금까지 자살은 동물의 세계에서 영장류의 동물에게만 일어나는 것으로 알려져 있다. 한편 독일의 15세와 35세 사이의 인구에서 (사고에 따른 통계로 보면) 자살이 두 번째 사인[원저]이라는 충격적인 연구 결과가 있다.

자살은 생물학적으로 볼 때 '비생산적'이고 변칙 행위로서 어떤 사회에서도 보편적인 현상은 아니다. 자연선택의 관점에서 보더라도 생존전략 대신에 죽음의 전략을 선택하는 것은 적합하지 않다. 또한 제2차 세계대전 당시 유럽의 자살률이 현저히 떨어졌다는 점을 상기할 필요가 있다.

더 분명히 말하면 살아남기 위해 싸우는 사람은 하찮은 일로 스스로 목숨을 끊는 일이 없다. 자살에는 영웅적인 의미가 없으며 그저 (인간의) 삶의 비극적인 한 형태일 뿐이다. 하지만 어떤 사회에서는 상황에 따라 자살이 권장되는 풍토가 남아 있기도 하다.

1998년 2월 27일, 일본인 회사간부 3명이 회사가 재정 파탄에 이르게 된 책임을 지고 도쿄의 한 호텔에서 목을 매 숨졌다. 이는 개인이 사회의 요구를 충족시켜야 하고 그렇지 못할 경우 그 실책을 불명예스럽게 여기는 문화에서 일어날 수 있는 전형적인 사건이라고 볼 수 있다. 만약 오스트리아나 독일의 회사간부가 같은 상황에 처했다면 어땠을까? 아마 그들의 삶에는 별다른 문제가 없을 것이다. 아니면 많은 돈을 가방에 넣고 사라진 뒤 숨어 지낼 수 있으며 느긋하게 말년을 보낼 수 있는 카리브 해와 같은 곳으로 도망가는 경우도 많다.

물론 위의 행동이 도덕적으로 옳은 것은 아니지만 자살로 무슨 혜택을 보겠다는 것인가? 오스트리아나 독일의 회사 간부가 취한 행동이 물론 영웅적이지 않지만 서구인의 관점으로 볼 때 저

3인의 일본인 간부도 영웅이라고 볼 수는 없다. 그보다 사회의 강요에 따른 절망상태에서 비롯된 자살이라고 보는 편이 옳을 것이다.

도덕적 엄격주의와 이상화된 인간상에 사로잡힌 (따라서 현실적이지 않은) 사람이 아니고서는 아래와 같은 말을 할 수 없을 것이다.

'고객들의 돈을 탕진해버린 한 은행원이 스스로 총을 쏴 목숨을 끊었다. 이는 말할 것도 없이 비겁하고 배신적인 행위이다.'

나의 의도를 오해하지 않기를 바란다. 물론 고객의 돈을 횡령한 은행원은 분명히 호의적인 평가를 받을 수 없다. 하지만 깊은 생각 끝에 자신의 몸에 총을 쏴 삶을 마감한 그 은행원의 행동은 비겁함이기보다는 '절망에서 비롯된 용기' 또는 절망적인 상황에 대한 깨달음에서 나온 것이라고 봐야 한다.

우리는 동물 세계에서 인간을 제외하고 '더 높은 목표'를 위해 또는 자신의 실수를 깨닫고 스스로 목숨을 끊는 '영웅'을 볼 수 없다. 아직도 많은 사람이 레밍lemming(나그네쥐 – 옮긴이)이 집단적으로 자살한다는 이야기를 믿고 있다. 하지만 이 스칸디나비아 지역에 사는 쥣과 동물이 물속에 빠져 죽는 것은 의도된 자살과는 무관함을 알아야 한다. 이것은 이유가 아주 단순한 현상이다. 가끔씩 풍족한 먹이 때문에 레밍들은 빠른 기간 안에 번식하게 되고 이 때문에 다시 먹이가 귀해지면 한 마리씩 먹이를 찾아 다른 곳으로 이동하기 시작한다. 그러다가 강과 같은 자연 장애를 만나면 개별적으로 움직이던 레밍이 한꺼번에 모여 강물 속으로 뛰어드는데 이렇게 되면 많은 쥐가 물에 빠져 죽는 결과로 이어진다.

다시 말해 레밍이 집단 자살을 한다는 것은 절대로 사실이 아니다. 또한 뱀이(!) 자살을 하기도 한다는 가설은 그야말로 부끄러운 속설에 지나지 않는다. 뱀 사냥꾼들은 종종 좁은 공간에 잡은 뱀들을 던져두는데 이것이 뱀을 자극하는 결과를 낳는다. 좁은 데서 자신을 방어하기 위해 뱀들은 닥치는 대로 물기 시작하는데 그러다가 자기 가슴이나 신체의 중요 부위를 무는 사고가 발생하여 죽기도 한다. 이런 경우 뱀이 스스로 자해하여 죽음에 이르는 것은 맞지만 이것을 자살이라고 부를 수는 없다. 이 세상에 존재하는 생물 중에서 자살하는 동물은 자신의 유한성을 잘 알고 있는 인간밖에 없을 것이다. 인간은 자신의 삶이 유의미해야 한다고 굳게 믿은 결과 무의미한 경험에 뛰어들기도 한다.

인간들 중에는 끔찍한 자살을 선택하는 자도 있다.

태평양전쟁 때(1944년) 자살을 감행한 수많은 일본군과 국민이 바로 이 예에 속한다. 또한 수많은 종교 단체에서 집단 자살을 하기도 했는데 이 경우 그 집단의 종교 지도자가 얼마만큼 자살을 부추겼는가가 자살의 동기로 크게 작용한다. 전체적으로 볼 때 자살은 인간화 과정에서 발달된 행동 전략의 하나로 (특정한 기본적 환경에서) 그 사회에 적합한 구성원을 만들어내기 위해 전략적으로 이용되었다고도 볼 수 있다. 하지만 이 또한 하나의 추측일 뿐이다.

'도대체 그 사람이 왜 그런 짓을 했을까?'

이는 우리가 유족에게서 가장 흔히 듣는 탄식이기도 하다. 자살을 선택한 사람은 종종 자신의 가족이나 그가 속한 사회에 '수치'를 안겨다준다. 이에 대해서는 많은 이견이 있을 수 있으나 이 책의 주제와 관련해서 말하면 스스로 죽음을 선택한 죽은 '영웅'은 아무에게도 도움이 되지 않는다.

누군가에게 도움이 되는 경우를 굳이 들자면 큰 병에 걸린 사람이 주위에 폐를 끼치지 않기 위해 스스로 죽음을 선택한 경우가 있다. 하지만 갈수록 건강과 웰빙well-being에 많은 신경을 쓰는 사회 분위기 속에서 사람들은 이제 이러한 이야기는 꺼내려 하지 않는다. 일반적으로 우리의 '아름다운 신세계'에서 자살은 터부시되고 있다.

실제로 이것은 어느 정도 역설을 담고 있다. 한쪽에서는 만용에 가까운 행동의 결과 목숨을 잃은 (종종 다른 사람의 목숨까지도 희생시키는 경우가 있다) 영웅을 찬미하면서 다른 한쪽에서는 '생명의 신성함'을 강조하면서 자신의 목숨을 스스로 끊는 것을 반대하고 다른 사람을 안락사하는 것 또한 반대하고 있다. 사실 우리의 도덕 체계는 종종 이중적인 도덕기준을 갖고 있다.

'적절한 수준'으로 조절되지 않으면 기존의 도덕적 기준은 극단적인 광신으로 흐르기 쉬운데 이는 인류사회에 존재하는 기본적인 마성魔性 중의 하나이다. 이에 대한 자세한 내용은 6장을 참고하라.

영웅들에게는 대부분 공통점이 하나 있는 것처럼 보인다. (적어도 관찰자의 입장에서 보면) 이들에게는 두려움이란 없다. 이 말이 사실이라면 영웅에게는 일종의 생물학적 (그리고 심리학적인) 결함이 있다고 봐야 한다. 그런데 인간은 스스로 '문화적이며 교양 있는 존재'로 생각하며 자신의 발달 과정을 망각하고 자신이 의식과 무의식 그리고 모든 의식의 깊은 곳을 굽어볼 수 있는 합리적인 존재라고 자신해왔다. 이러한 관점에서 바라보면 사람들이 두려움을 무시하는 것이 당연한 것처럼 보인다. 두려움을 갖는다는 것은 멋진 모습이 아니며 적어도 사람들 앞에서 보여서는 안 된다. 아예 처음부터 두려움이란 감정이 생겨나지 않으면 좋겠지만 이미 존재하는 것이라면 '두려움을 일으키지 않는 교육'으로 두려움을 억눌러야 한다. 그 좋은 예가 2년 전부터 빈의 일부 유치원에서 시행하고 있는 '성 니콜라우스St. Nicolaus(독일과 오스트리아 지방의 크리스마스 철에 등장하는 산타클로스와 비슷한 상상의 인물 – 옮긴이) 금지'이다. 이것은 아이들이 성 니콜라우스의 모습에 겁을 먹는 것을 막기 위한 유치원 측의 조치로 성 니콜라우스의 날에 성 니콜라우스와 그의 동반자인 크람푸스Krampus(커다란 뿔이 양쪽으로 난 가면을 쓴 니콜라우스의 동반자. 악마를 물리치는 힘을 상징한다. – 옮긴이)

를 맞이하는 대신에 선생님과 아이들이 평상복 차림으로 그들의 흉내를 내며 놀게 하였다.

물론 이렇게 문명화되고 탈종교화된 사회에서 더 이상 전설속의 인물이 등장할 필요가 없다고 주장할 수도 있다. 그러나 우리 사회가 문명화되고 탈종교화되었다는 주장은 실제와 거리가 있다. 그러므로 '두려움을 일으키지 않는 교육'이란 관념은 인간의 본성에 대한 진정한 이해라고는 없이 오로지 관심만 끌고자 하는 정치가들의 머릿속에서 나온 것일 뿐이다.

두려움은 감정의 영역에서 비롯된 것이며 부정될 수도 없고 부정해서도 안 된다! 두려움이란 감정은 인간임을 증명하는 것으로 인간 존재의 깊이와 색깔, 내용과 밀도 그리고 정당성을 부여한다. 미움이나 분노와 같은 다른 모든 감정과 마찬가지로 두려움도 병리학적으로 계속 증가하기도 하며 '극도로 불안한' 사람에게는 감당하기 힘든 심적 부담이 될 수 있다. 지속적인 두려움을 견딜 수 있는 사람은 없다. 하지만 어느 정도의 두려움은 인간에게 생물학적 유산과도 같다.

물론 두려움은 인간에게만 나타나는 현상이 아니다. 동물학자들에 따르면 오랜 옛날부터 동물의 진화에 깊은 뿌리를 두고 발달된 감정이다. 고양이나 개, 말과 같은 여러 동물을 접해본 사람이면 그들도 공포라는 감정이 있음을 알고 있다. 자기보다 힘센 동물에 대한 공포나 알 수 없는 또는 분명한 위험에 대한 공포가 이들에게도 있는 것이다. 나는 불안과 공포라는 두 가지 감정이 서로 구분되어야 함을 잘 안다. 불안은 추상적인 영역에 속한 반면 공포나 두려움은 상대적으로 구체적인 대상이나 사건과 연관되어 있다. 물론 이 둘의 경계가 완전히 고정된 것은 아니다. 미래에 대한 두려움은 아마 인간만이 느끼는 특성일 것이다. 앞으로 무슨 일이 일어날지 막연한 상상만 할 수 있더라도 말이다. 내고양이의 경우는 오직 직접적으로 느끼는 구체적인 위험에 대해서만 두려움을 느낀다. 아파트에 낯선 사람이 들어온다거나 갑작스런 소음 따위가 고양이에게는 위험에 속한다. 고양이에게 죽음에 대한 두려움 같은 것은 존재하지 않는다. 죽음에 대해 아무것도 모르기 때문이다.

더 이상 관념의 늪에 빠져 자신을 잃어버리기 전에 다음과 같이 정리해보자. 불안이나 두려움을 느끼지 않는 존재는 더 이상 유용하지 않다. 변장하거나 눈을 속이거나 도망가거나 또는 숨는 것은 생물이 살아남기 위해 택한 생존전략이다. 죽은 영웅은 진화의 과정에서 나타난 오류에 불과하다. 그들은 자신은 물론이고 다른 어느 누구에게도 도움이 되지 않는다.

우리 집의 수고양이를 예로 들면 주관적으로 볼 때 아무리 겁쟁이라고 소문이 날지라도 사소한 위험이라도 닥친다면 숨는 것이 최선의 방법일 것이다. 겁쟁이가 무슨 상관인가? 안전한 것이 더 중요한 것이다. 누가 문을 두드린다거나 하는 아주 작은 신호에도 우리 집 고양이는 재빨리 소파 뒤로 달려가 눈에 띄지 않게 숨는다. 이때 고양이의 신조는 단 하나, '당신은 나를 잡을 수 없어!'이다(물론 아무도 자기를 해칠 사람이 없다는 사실조차 고양이는 모르고 있다).

물론 우리 집 고양이는 고양이 중에서도 특히 심한 겁쟁이에 속할지도 모르겠다. 하지만 이 고양이의 행동은 전혀 겁이 없는 고양이보다 훨씬 '건강한' 쪽에 속한다.

우리 인간도 사악하고 어두운 사상을 위해서 자신을 희생하며 강요된 이념을 위해 용기를 보인다면 겁 없는 고양이와 다를 바 없다. 이러한 이념은 정작 아무에게도 도움이 되지 않고 단지 권력을 손에 쥐기 위해 안달하는 이념주의자의 편의를 위해 만들어진 것일 뿐이다. 이념을 만들어낸 사람은 자신의 이념을 위해 스스로 희생할 의도가 전혀 없다.

먼 옛날부터 수많은 종교, 정치 지도자들은 자신은 든든한 보호를 받으며 뒷전에 앉아 자신을 위한 싸움에 다른 사람들을 내보내 싸우도록 해왔다. 고위 정치가가 전장에 나가 싸우는 병사를 위로하기 위해 전투가 잠잠해졌거나 전쟁이 끝난 지역을 방문하는 모습을 보면 거의 감동적이기까지 하다. 만약 전쟁이 그토록 야만적인 것이 아니라면 실제로 감동할지도 모른다('사병'과 나란히 서서 사진을 찍으며 영웅 행세를 하는 조지 부시 대통령을 보라. 부시 대통령이 이라크의 전투에 투입되어 비행을 한다거나 전쟁에 직접 참여하는 일은 물론 없다. 하지만 그도 이 세계의 운명과 다른 사람의 운명이 자기 손 아귀 안에 있다고 믿고 있는 사람 중의 하나임에는 틀림없다).

02 Chapter

다윈의
이론

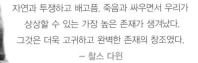

자연과 투쟁하고 배고픔, 죽음과 싸우면서 우리가
상상할 수 있는 가장 높은 존재가 생겨났다.
그것은 더욱 고귀하고 완벽한 존재의 창조였다.
– 찰스 다윈

다윈(1809~1882)에 대해서는 더 이상 말할 필요가 없겠다. 자연선택설로 널리 알려진 그의 진화론은 다른 자연과학자의 어떤 이론보다 이 세계와 인간에 관한 우리의 관념을 확실하게 바꿔 놓았다. 물론 책에 깃들어 있는 다윈의 사상도 아주 중요하다.

오늘날까지도 지속되고 있는 그의 이론에 대한 근본적인 오해 가운데 하나는 자연에서 '가장 강한 자'만 살아남는다는 개념이다. 이러한 개념적 오해가 인간사회에도 원용援用된 결과 사회적 다윈주의가 생겨났다. 제3제국(나치정권)이라는 지독하게 타락한 이념 집단이 생겨나는데 일조했으며 수많은 사람의 말할 수 없는 괴로움으로 이어졌다. 하지만 이념적 오해는 아직까지 완전히 사라지지 않았다. 만약 다윈과 그의 생명에 대한 이론을 제대로 이해한다면 이러한 오해는 사라질 것이며 자연선택설이 사실은 겁쟁이들을 옹호하는 이론임을 알 수 있을 것이다.

이는 다윈 자신이 그다지 용감한 사람이 아니었다는 사실과도 부합된다. 다윈의 이론[3]이 그 시대의 수많은 사람뿐만 아니라 현대인에게도 커다란 충격을 주고 있음을 생각해볼 때 이러한 나의 소견에 고개를 갸우뚱할 사람도 있을 것이다. 다윈이 생전에 얼마나 많은 조롱과 비판을 견뎌야 했던가! 다윈이 《자서전》에서 회고했듯이 그의 이론은 수없는 오해를 불렀으며 또한 무자비한 공격과 놀림에 시달렸다. 다윈은 이 모든 것을 참고 견뎌야 했다.

자신에게 쏟아진 모든 비판을 너그러이 받아들였다는 다윈의 말에서 우리는 그가 좋은 성격의 소유자였음을 알 수 있다. 어쩌면 약간 순진하기까지 했을 수도 있다(다윈은 대학교에서 교수로 재직한 경험이 없으므로 동료 교수의 적익敵意를 겪어보지 않았기 때문에 그런 말을 했을지 모른다). 다윈이 내면의 용기를 지닌 인물이었음은 의심할 여지가 없다. 그렇다고 해서 다윈이 만용이 넘치는 사람은 아니었다. 책의 구상이나 문체 또는 주장하는 방식에서 알 수 있듯이 다윈은 사려 깊고 신중한 사람이었다. 그러나 자신에게 닥칠지도 모를 일에 대한 일종의 두려움도 느꼈던 것 같다.

---

3 다윈의 다양한 이론을 하나의 이론으로 축약하는 것은 불가능함을 말할 필요가 있다. 따라서 이 책에서는 오로지 그의 자연선택설에 대해서만 다루기로 하겠다.

선택이론을 대략적으로 완성하자 다윈은 마치 살인을 고백하는 사람의 심정과도 같았다고 책에서 밝혔다. 그의 이론이 학계와 대중에게 커다란 동요를 일으키자 다윈은 자신의 달팽이집으로 숨어 들어갔다(그곳은 런던 근처에 있는 다운Down 지방의 오래된 민가였다). 그는 대중연설이나 토론회에 참가하지 않고 거의 은둔한 수도승과 같은 삶을 살았다. 다윈은 자신의 작업이나 이론에 대해 토론하는 대신 비둘기 키우는 것을 즐겼다. 그는 "나는 영국을 비롯해 전 유럽에서 구할 수 있는 온갖 종류의 비둘기를 길렀다"고 적었다. 다윈은 개와 함께 산책을 즐겼고 그의 부인은 종종 다윈에게 소설을 읽어주었다.

물론 과학자의 일상이 자신의 머릿속에 있는 생각처럼 언제나 치열해야 하는 것은 아니다. 하지만 우리가 이 장章에서 보고자 하는 것은 다윈의 선택이론과 종의 진화는 가장 강한 발톱과 이빨을 지닌 개체가 승리한다고 하는 자연의 잔인한 투쟁설에 바탕을 둔 것이 아니라는 점이다. 자연계에는 이러한 생존의 '도구'를 지니지 못한, 셀 수 없이 많은 종이 살고 있으며 이들은 여전히 매일 경쟁하고 있다. 인간은 자연을 낭만적인 대상이 아니면 잔인함의 표상表象으로 보는 경향이 있다.

후자의 생각은 자연을 인간이 일구어온 우아한 삶의 방식인 문화의 반대편으로 결론을 내린다. 하지만 인간은 자신이 만들어내고 '문화'라고 이름 지은 이 모든 것도 결국 자연에서 비롯된 것임을 잊고 있다.

적자適者들의 생존과 자신의 목숨을 위한 투쟁

우리는 자연을 낭만적으로 보아서는 안 된다. 살아 있는 생물
은 모두 다른 생물의 희생을 바탕으로 살아감은 널리 알려진 사
실이다. 먹이를 구하거나 자신의 영역을 지키고 새끼를 보호하
기 위해서는 모든 수단이 정당화될 수 있다. 이러한 수단에는 이
빨을 드러내거나 (드러내는데 그치지 않을 수도 있다) 손발톱을 세우
는 것을 포함해서 발굽이나 뿔, 침 또는 독이 든 침샘과 같은 온
갖 신체 부위가 빠짐없이 동원된다. 하지만 덩치가 크고 자신을
방어하는데 빈틈이 없는 동물조차 바이러스에게 공격당할 수 있
으며 바이러스 앞에서 이들은 무력하다. 자연은 결코 천국이 아
니며 (천국이었던 적도 없으며) 오직 환상 속에서만 낭만적일 뿐이다.
자연은 과장하지 않으며 지속적인 자기 파괴의 과정이라고 부를
만하다.

하지만 다윈의 시대에는 자연 안에서 완벽한 균형과 조화를 이
룰 수 있다는 생각이 널리 퍼져 있었다. 오늘날에도 자연은 완전
하며 그 자체로 하나의 목적을 가지고 있다고 믿고 싶은 사람들
사이에서 이러한 생각은 설득력을 지니고 있다.

자연 속에서 또 동물의 세계에서 일어나는 많은 일은 우리에게 잔인하게 비치기도 한다. 하지만 '잔인함'이라는 표현은 같은 인간이나 다른 종에 속한 개체의 행동양식을 묘사하기 위해 인간이 만들어낸 개념이라는 점을 분명히 알아야 한다. 이 단어는 자연을 표현함에 있어 우리 인간이 완전히 떨쳐내지 못한 어떤 불편한 감정을 대변해주고 있다.

가젤(아프리카 영양의 일종 – 옮긴이)을 사냥하는 사자나 바다표범을 먹이로 삼는 상어는 '잔인한' 것이 아니라 생존을 위한 본능에 충실한 것뿐이다. 같은 종류를 잡아먹는 동물은 인간의 기준으로는 받아들일 수 없는 일이지만 도덕적 기준이 없는 자연에서는 (거의) 모든 것이 가능하다.

많은 동물 중에서도 덩치가 큰 초식동물은 우리 눈에는 '잔인'하게 보이지 않겠지만 이들에게도 공격적인 성향이 숨겨져 있다. 코뿔소나 물소, 코끼리 따위는 다른 동물을 먹이로 삼지는 않지만 어떤 상황에서는 다른 동물을 죽이기도 한다(이미 죽임을 당한 동물에게는 자신이 죽은 후에 먹힐 것인가 아닌가는 중요하지 않다). 그러므로 육식동물의 생활방식 때문에 육식동물이 일반적으로 공격적일 것으로 짐작하는 것은 '완전히 맥을 잘못 짚은' 관점이라고 할 수 있다. 왜냐하면 육식동물이라고 해서 자신의 동족에게 초식동물보다 더 공격적인 태도를 보이는 것은 아니기 때문이다. 야생황소의 행동을 보면 위의 내 말을 잘 이해할 수 있을 것이다.

또한 자기 구역을 지키기 위해 상대적으로 몸집이 작은 염소조차 얼마나 공격적으로 변하는지 보아야 한다.

이제 다윈의 자연선택설에 대해 좀 더 구체적으로 살펴보자. 이 위대한 영국의 과학자가 세운 가장 중요한 기본 가설 중의 하나는 같은 종에 속한 모든 개체는 서로 경쟁하며 살아간다는 것이다. 다윈이 주장한 생존을 위한 투쟁에서 이를테면 몽구스 mongoose(사향고양이 – 옮긴이)와 코브라가 싸우는 공식은 존재하지 않는다. 대신에 같은 몽구스끼리 살아남기 위해 서로 싸우는 것을 의미한다. 다윈은 살아남기 위한 싸움은 같은 종에 속한 개체 사이에서 가장 치열하다고 주장했다. 같은 종에 속한 개체끼리는 동일한 생존 조건이나 먹이를 필요로 하기 때문에 먹잇감이나 짝짓기 상대 또는 서식지 따위를 먼저 차지하기 위해 서로 싸우는 것을 보면 다윈의 주장이 타당함을 알 수 있다.

다시 말하면 가장 강력한 경쟁상대는 바로 자신이 속한 종 안에 있다. 몽구스의 경쟁상대는 코브라가 아니라 다른 몽구스이며 사자의 싸움 상대는 가젤이 아니라 다른 사자이다. 그리고 나의 경쟁상대는 동네 우체부가 아니라 바로 나의 동료이다.

살아남기 위해 동족끼리 끊임없이 싸우는 현장에서 항상 승리자가 될 수 있는 것은 아니다. 자원의 희소성稀少性과 개체의 고유성은 다윈 이론의 기본 개념으로 우리도 쉽게 이해할 수 있다. 자연은 풍요로운 공간이 아니다. 사자가 가젤과 같은 먹이를 거저 얻는 것이 아닌 것처럼 가젤도 먹이인 풀을 항상 풍족하게 구할 수 있는 것도 아니다. 진화의 후기에 오면서 슈퍼마켓이라는 공간도 생겨났지만 이곳은 사자나 가젤이 드나들 수 있는 곳이 아니라 오직 돈(다른 인간과 경쟁하여 얻은 자원)을 가진 호모 사피엔스만을 위한 곳이다.

하지만 모든 생물이 같은 기회를 얻을 수 있는 것은 아니며 생존을 위한 경쟁에서 이길 수 있다고 검증된 것도 아니다. 같은 종에 속할지라도 개체는 모두 다르며 서로 다른 특징을 지니고 있다. 이에 관해서는 나중에 다시 이야기하겠다. 생존을 위한 동족과의 싸움에서 이기기 위해 모든 개체가 특정한 재주를 가지고 있음은 분명하다. 만약 모든 개체가 같은 능력을 지니고 있다면 경쟁이나 선택이 필요 없으며 따라서 진화도 없었을 것이다.

마이어E. May는 다음과 같이 기술했다.

모든 개체는 기후 적응력이나 먹이와 삶의 영역을 찾는데 또는 배우자를 찾고 자손을 번식시키는 능력이 서로 다르다.

모든 개체에 깃들어 있는 개체성을 인식하고 진화의 과정에서 그 개체가 담당한 역할을 인정하는 것은 생물의 역사를 이해하는데 말할 수 없이 중요하다. 또한 이 개념은 서구의 사상사思想史에서 지금까지의 그 어떤 철학적 관념보다 진보한 혁명적 개념이라 할 수 있다.

그런데 인간 사고의 많은 영역, 특히 도덕적 윤리적 영역에서 개인의 중요성은 거의 인식되지 않거나 무시당한다. 따라서 개인은 주저 없이 집단을 위해 희생할 것이 요구되며 개인의 요구는 '더 높은 목적'을 이루는데 아무런 중요성을 지니지 못한다. 이에 대해서는 다음 장(5, 6장)에서 다시 이야기하겠다. 나는 다만 다윈의 이론에 힘입어 인류학적으로나 철학적으로 폭넓은 관점을 바탕으로 이야기하려는 것이다.

적자생존 논리의 바탕과 의미에 대해서는 지금까지 여러 논의가 있었다. 여기서 나는 여전히 지속되고 있고 이념적으로 채색된 논리에 대해서는 다루지 않으려 한다. 다만 다윈의 영향을 받은 철학적 논의를 포함하여 진화론의 범위 내에서 여러 가지 논쟁을 다루고자 한다. (비록 지금까지도 다윈이라는 학자를 모른 척하거나 진화론을 무시하는 철학자도 있지만) '적자생존'의 법칙은 단순한 은유가 아니다. 이는 진화의 법칙을 제시한다. 물론 그렇다고 해서 능력 있는 생물체가 벼락에 맞는다거나 하는 사고로 일찍 죽지 않는다는 보장은 없다. 여기서 적자생존이란 '영원한 생명'을 의미하는 것이 아니며 한 종족의 평균적인 수명 안에서 죽지 않고 살 수 있다는 의미와도 거리가 멀다. 마이어는 이 점을 다음과 같이 날카롭게 지적했다.

한 집단에 속한 동물은 모두 개체끼리 서로 다른 유전적 차이를 지니고 있다. 이들은 생존을 가로막는 수많은 장애에 둘러싸여 있으며 대부분 일찍 사멸하거나 번식을 하지 못한다.

오직 극소수만 살아남아 (평균적으로 한 쌍의 부모 아래서 두 마리의 개체가 살아남는다) 자손을 번식시키는데 성공한다. 그러나 살아남은 개체는 자신이 속한 집단에서 우연히 선택된 것이 아니다. 다시 말해 살아남은 동물은 어떤 의미에서 생존에 유리한 특별한 재능을 지니고 있었기 때문이다.

이와 관련한 특성에 대해서는 다음 장에서 다루기로 하겠다. 자연의 낭만성을 예찬하는 사람들은 동물이 대부분 새끼가 번식할 수 있는 나이에 이르기 전에 죽고 만다는 사실을 알아야 한다. 여기에는 물론 다양한 이유가 있다. 먹이의 부족과 혹독한 기후, 육식동물의 위협과 타고난 유전적 결함 따위를 들 수 있다. 예를 들어 치타는 아주 빠르고 질병에 강한 동물이지만 태어나서 3개월을 넘겨 생존할 확률은 10분의 1에 지나지 않는다.

북극곰 크누트Knut는 2007년 독일에서 큰 인기를 얻었던 새끼 곰으로 매우 운이 좋은 경우에 속한다. 베를린의 동물원에서 태어난 이 아기 곰은 텔레비전이나 인터넷을 통해 알려지면서 수백만의 사람에게서 관심과 사랑을 많이 받았다. 이 귀여운 곰에게 나쁜 짓을 하는 자는 누구든 살아남지 못한다! 어미에게서 버림받은 새끼 곰은 물론 동물원에서 보살핌을 최대한으로 받고 자랐다. 그러나 북극의 얼음과 눈으로 덮인 허허벌판에서 어미에게 버림받은 새끼가 살아남을 가능성은 거의 없다고 봐야 한다. 그 수가 얼마나 되는지도 모르지만 자연에서 수많은 북극곰 새끼가 아무도 모르게 죽어가고 있는 것이다. 이것이 자연의 실체이다. 크누트는 인간이 만든 인공人工의 세계에서 태어나 자라고 있다. 하지만 우리는 이 귀엽고 사랑스러운 새끼 곰이 곧 육지에서 가장 큰 육식동물의 하나로 성장할 것임을 잊어서는 안 된다.

끈질긴 오해 몇 가지

살아남기 위한 투쟁과 적자생존의 법칙은 아직도 많은 사람에게 잘못 이해되고 있으며 단지 이념적인 이유로만 오해되는 것이 아니다.

나는 학생들의 시험답안이나 대중 토론에서 다윈이 '생존을 위한 피비린내 나는 투쟁'이나 '가장 강한 자만 살아남는다'고 주장했다는 내용을 대할 때마다 끓어오르는 화를 참을 수 없음을 여기서 고백한다.

물론 같은 동족끼리 살아남기 위해 서로 싸우고 (초기 동물행동학자들의 추측과는 다르게) 종종 서로 죽이기까지 한다는 것을 부정하지는 않는다. 특히 동족의 다른 개체의 새끼를 죽이는 행위는 오래전부터 있었다. 이러한 현상으로 동물 세계의 개체에게 자손을 번식시키는 것이 얼마나 중요한 것인지 잘 알 수 있다. 수사자가 제 새끼가 아닌 다른 사자의 새끼를 죽이는 것은 새끼를 잃은 사자의 어미에게 가능한 한 빨리 자신의 새끼를 잉태시키기 위한 목적이다. 하지만 여기서 중요한 것은 동족끼리의 살해가 아니다. 내가 강조하고자 하는 것은 피를 전혀 흘리지 않고도 수많은 생물이 살아남기 위해 싸우고 있다는 것이다. 나뭇가지끼리 서로 싸우는 것을 본 적이 있는가? 다윈은 다음과 같이 기술했다.

들개와 같은 육식동물이 먹이가 부족하고 생존 가능성이 낮은 환경에서 서로 싸우는 것은 맞다. 하지만 사막의 구석에서 식물도 살아남기 위해 가뭄과 싸운다고 말할 수 있다. 물론 식물은 수분과 뗄 수 없는 관계라고 표현할 수도 있지만 말이다. 식물은 일년에 수천 개의 씨앗을 생산하지만 그 중에 살아남는 것은 오직 한 개의 씨앗에서 자라난 한 그루 정도일 뿐이다. 더 중요한 것은 식물도 살아남기 위해 같은 종뿐만 아니라 다른 종의 식물과도 싸운다는 사실이다.

정말로 식물이 싸우는지 분명하게 말하기는 어렵다. 그러나 이들 사이에 치열한 경쟁이 존재한다는 것은 사실이다. 이것은 (해저에 붙어사는) 산호나 어패류와 같은 동물도 마찬가지다.

이에 비해 두더지나 지렁이 같은 동물은 비록 동족끼리 생존을 위해 경쟁하는 것은 틀림없지만 상어나 악어 또는 사자와 늑대 같은 동물처럼 공격적으로 행동하지는 않는다. '생존을 위한 투쟁(어떤 면에서 이 용어는 다윈이 처음 사용한 것이다)'은 그러므로 자연스러운 경쟁을 의미하지 강인한 아래턱이나 커다란 뿔, 기다란 발톱 따위를 의미하지 않는다. 이런 무기가 없는 생물체도 많지만 그렇다고 이들이 살아남기 위한 경쟁을 하지 않고 살아가는 것이 아니다. 평균적인 동족보다 나은 '그 무엇'인가를 가지고 있는 개체는 이미 경쟁에서 우위를 차지한다. 쇠똥구리는 썩 유쾌하지는 않지만 이에 대한 좋은 예라고 할 수 있다. 아프리카만 해도 알려진 쇠똥구리는 2,000여 종이 넘는데 이들은 커다란 포유동물의 똥을 치우는 일로 바쁘게 살아간다. 쇠똥구리는 후각기능을 이용해 즉 냄새를 통해 동물의 신선한 똥을 찾아낸다. 또한 동족과의 경쟁에서 승리하는데 가장 중요한 것은 다름 아닌 자신의 체온이다. 정말 놀라운 사실이 아닌가?

살아남기 위한 경쟁에서 강한 자만 살아남는다는 것은 허튼소리에 지나지 않는다. 생물계에서 객관적인 '힘'의 기준이 없다는 사실은 차치하고라도 가장 중요한 것은 살아남기 위한 전략이다. 고슴도치 두 마리 중 어느 고슴도치가 더 강한 녀석인지 가려내는 것은 불가능할지 몰라도 위험이 닥치면 어느 고슴도치가 더 빨리 (또는 천천히) 도망치는지 또 어느 고슴도치가 상대보다 우위에 있는지 아니면 겨울잠을 잘 곳을 어느 고슴도치가 더 잘 찾는 지와 같은 것은 복잡한 동물학적 실험을 거치지 않고도 비교적 쉽게 알아낼 수 있다. 토끼에게는 빨리 달리기가 아주 중요한 기술이다. 느리게 달리는 토끼는 오래 살아남기가 분명히 힘들겠지만 다른 토끼보다 상대적으로 빨리 달리거나 지그재그로 방향을 바꾸며 달리는, 특별한 재주를 지닌 토끼는 평균적인 토끼의 수명에 견주어 더 오래 살 가능성이 높다.

눈과 얼음으로 뒤덮인 벌판에서 먹이를 잘 찾는 토끼는 자기보다 재주가 떨어지는 토끼에 비해 다음 해 봄까지 살아남을 가능성이 더 크다. 하지만 살아남는 데에는 우연의 힘도 작용한다. 먹을 것이 전혀 없는 곳에서는 아무리 재주가 좋은 토끼라도 먹이를 구하는 것이 애초에 불가능하다. 그러므로 먹이가 있는 장소를 제때 찾아낸 토끼는 운이 좋은 경우라 할 수 있다.

더군다나 어떤 생물에게는 생존할 확률이 여러 가지 요인 가운데 특히 신진대사율과 밀접한 관련이 있다. 그런데 높은 신진대사율은 빠른 성장과 상대적으로 높은 번식률은 보장해줄지 몰라도 동식물이 오래 살아남는데는 별 도움이 되지 못한다. 그 예로 길어야 수명이 3년을 채 넘기지 못하는 집쥐를 보라. 또한 코끼리나 거북이와 같이 동작이 느린 동물은 다른 동물에 비해 수명이 상당히 길다. 동면이나 휴식도 수명을 연장하는 역할을 하는 것으로 밝혀졌다. 그러나 자연계에는 그 반대의 경우도 있다. 예를 들어 당나귀는 겨울잠을 자지 않는다. 짐꾼 노릇을 하는 당나귀의 경우 고된 일에도 불구하고 길면 1백 살까지 살 수 있다. 따라서 진화의 법칙에는 고정된 '비밀공식'이 있는 것이 아니라 환경에 따른 서로 다른 생존전략만 있음을 알 수 있다.

수많은 진화생물학자를 비롯한 많은 사람이 다윈의 이론을 '적응이론Anpassungstheorie'이라고 잘못 해석하는 우를 범하고 있다. 생물은 자신을 둘러싼 환경에 적응해 살아간다는 것이 다윈 이론의 중요한 부분인데 생물이 살아남기 위해 환경에 적응하는 것이 중요함은 의심할 여지가 없다(다음 장에서 이에 대해 다시 이야기할 것이다). 하지만 주위의 환경에 따라 생물체의 형태가 구성되고 외부의 영향에 의해서만 생물체의 삶의 방식이 선택된다고 생각하는 것은 다윈의 이론을 잘못 이해한 것이다(또한 생물의 유기체적인 본질을 제대로 이해하지 못한 것이다).

다윈은 엄격한 '적응주의 신봉자'는 아니었으며 유기체는 자신의 진화를 위해 스스로 진화방향을 결정한다는 사실도 잘 알고 있었다. 다윈은 다음과 같은 비평을 남겼다.

자연과학자들은 먹이나 기후와 같은 외부 환경만이 생물체의 변화를 유도하는 요인이라고 단정한다. 어떤 면에서 이 관점은 옳다. 하지만 나무껍질을 뚫고 곤충을 잡아먹고 살기 위해 완벽하게 갖추어진 딱따구리의 경우 둥지나 발, 꼬리와 부리 그리고 혀의 모양새가 단지 외부 환경의 결과라고만 할 수는 없다. 이는 겨우살이 식물도 마찬가지다. 겨우살이는 기생해 사는 나무에서 양분을 얻고 새들이 씨앗을 퍼트려주어야 (겨우살이 식물의 꽃은 암수가 다르기 때문에 다른 곤충이나 새가 수꽃에서 암꽃으로 꽃가루를 날라주어야만 수분受粉(가루받이)이 될 수 있다) 생존과 번식을 할 수 있다. 그런데 겨우살이 식물이 다른 생물체와 관계를 맺고 살아가는 방식이 오로지 외부 환경에 따른 것이라고 단정 짓거나 아니면 이 식물의 습성 또는 의지에 따른 것이라고 단순화하는 것은 터무니없다.

모든 생명체는 자신의 진화에 어느 정도는 책임이 있다고 봐야한다. 그동안 이에 관한 수많은 실험과 가설이 있었다. 유기체의 운명이 외부의 환경에만 좌우되는 것이 아니라는 주장은 이제 거의 반박되지 않고 있다. 또한 유기체는 주변 환경에 영향을 받는데만 그치지 않고 스스로 주위환경에 직접 영향을 미치기도 하는 능동적인 개체이다. 예를 들어 새끼를 낳고 기르기 위해 굴을 파는 여우나 둥지를 짓는 제비 때문에 주변은 상당한 영향을 받게된다. 살아 있는 생명체의 활동은 어디에서나 볼 수 있다. 여우굴이나 제비집뿐 아니라 두더지굴이나 개미집, 벌집 등등 수많은 예가 주변에 널려 있다. 칼 폰 프리쉬Karl von Frisch, 1886~1982는 이미이와 유사한 사례를 수없이 수집해왔다.

하지만 내가 말하려는 데에서 이러한 예는 핵심적인 부분이 아니다. 위의 예는 다른 요소와 마찬가지로 동물에게 자신을 보호하고 안전하게 지키며 필요에 따라 도망갈 수 있는 재주가 얼마나 중요한지 보여준다. 따라서 다윈의 이론에 대해 '적자생존'이라는 잘못된 해석이나 제멋대로의 이야기는 이제 사라져야 한다. 생존하기에 적합하다는 것은 다양한 동식물의 종에게 여러 가지다른 의미를 지니기 때문이다.

그러면 누가 '적자'인가?

일단 위험을 전혀 두려워하지 않는, 만용에 사로잡힌 싸움꾼은 분명히 아니다. 여기서 나의 어린 시절의 기억을 털어놓겠다. 나는 시골에서 자랐는데 어릴 적에 들판에는 유난히 햄스터가 들끓었다. 이 설치류(쥐류)에 속하는 동물은 들에서 나는 곡식을 먹고 사는데 겨울철에 대비해 곡식을 훔쳐다 땅 속의 자기 집에 쌓아두기를 좋아했다. 지금부터 수십 년 전인 그때만 하더라도 햄스터는 농부들의 '천적'이었다. 햄스터가 사람과 들판에서 마주치면 처음에는 놀라 달아나지만 도망칠 수 없는 상황이 되면 그 자리에 딱 멈추어 선다. 그러고는 몸을 돌려 꼿꼿이 서 위협적인 소리를 내기 시작한다.('위기 상황에서 보이는 반응' 참조) 물론 그런 행동을 하는 햄스터는 대부분 농부들의 발길질 몇 번으로 무참히 죽임을 당했다. 아버지는 그런 햄스터들을 '용감한 작은 녀석들'이라 불렀다. 하지만 그들의 용기는 결코 보상받지 못했다. 나는 햄스터를 놓아주는 농부를 한 번도 보지 못했으며 나 또한 8~9세의 어린 나이에 여러 마리의 햄스터를 죽인 경험이 있다. 물론 지금은 내가 죽인 귀여운 햄스터에게 미안한 마음을 품고 있다. 나는 햄스터를 죽인 행동이 용감함과는 거리가 멀다는 것을 잘 알고 있다. 그러나 당시에는 다 마찬가지였다. 햄스터는 농사에 해로운 동물이었고 햄스터를 죽이는 일은 잘한 것으로 여겨졌다. 그러니 주위의 어른이 모두 칭찬하는 일에 어린아이 한 명이 반대하는 것이 가능했겠는가?

이제 그만 자전적인 이야기에서 벗어나기로 하자. 내가 말하고 자 하는 요점은 가장 용감한 햄스터란 위험에서 자신의 몸을 숨길 줄 아는 햄스터라는 것이다. 햄스터가 살아남을 수 있는 가장 좋은 방법은 사람 눈에 띄지 않게 행동하는 것이며 만약 사람들에게 발각되었다면 재빨리 숨을 곳을 찾아 도망치는 것이다. 물론 말이 쉽지 이것이 햄스터에게는 어려운 일이다. 햄스터는 무리로 움직이지 않고 혼자 다니며 흩어져 있는 먹이를 찾기 위해 동료와도 경쟁해야 하므로 다른 햄스터와 싸우는 일도 있을 만큼 공격적이기 때문이다.

미국 남부에 서식하며 방울뱀에게 끊임없는 위협을 당하며 살고 있는 들다람쥐의 행동도 용감하기 짝이 없는 것처럼 보인다. 뱀과 마주치면 들다람쥐는 진흙이나 모래를 던지기 시작하는데 전투가 몇 분이나 지속되기도 한다. 과학자들은 들다람쥐가 뱀에게 물리는 일이 매우 드물며 물리더라도 심각한 부상을 입지 않고 고통도 크게 느끼지 않는 것 같다고 보고했다. 실제로 방울뱀의 독에 면역성이 생긴 들다람쥐도 많다고 한다. 그러나 뱀에게 잡혀먹기 쉬운 연약한 새끼 들다람쥐는 뱀이나 이와 비슷하게 생긴 물건만 보아도 무척 조심스럽게 행동하는 것을 볼 수 있다.

라사A.Rasa가 생생하게 관찰한 몽구스는 아주 특별한 생존전략을 개발했다. 이들은 집단생활을 하는 동물로 크고 위험한 파충류와 마주치면 다 같이 적에 대항한다. 또한 올새나 마못 marmot(다람쥐의 일종 – 옮긴이)처럼 적이 접근해오면 집단의 다른 동료에게 경고음을 보내 무사히 도망가게 하는 몽구스가 한 마리씩 있다. 집단생활을 하는 동물 중에 적에게 단체로 대항하는 경우가 많지만 그래도 저항하기보다 도망치는 것이 더 나은 전략일 때가 많다. 많은 동물은 상대가 자신보다 우위에 있는 동물인지 그렇지 않은지 '직감'으로 알아채며 이에 따라 옳은 대책을 세운다.

진화의 과정을 거쳐 많은 동물이 용감하게 적에 맞서 죽기보다 자신을 보호할 수 있는 다양한 전략을 개발해왔다.(4장 참조)

하나의 종種 안에서 적자라고 볼 수 있는 개체가 가장 용감한 개체는 아니며 가장 용감한 개체라고 해서 적자라고 볼 수도 없다. 목숨을 바치면서까지 햄스터가 인간에게 맞설 필요가 어디에 있겠는가? 모든 육식동물은 늘 대하던 것과 다른 먹이 패턴의 동물을 보면 먼저 코로 냄새를 맡는 행동을 한다(다시 한 번 상어의 행동을 생각해보자). 적자생존의 법칙은 겁쟁이의 생존이라는 해석도 가능하다. 물론 이 공식은 인간 사회에 그대로 적용된다. 최전방에서 용감하게 싸우다 죽은 젊은 병사는 다윈의 관점으로 보면 적자가 아니다. 다른 사람을 감동시키기 위해 다리의 난간 위에서, 달리는 기차의 지붕 위에서 그대로 뛰어내리거나 곰 우리로 뛰어드는 젊은이도 적자가 아니기는 마찬가지다.

인간사회에서 문제가 많거나 비겁한 인간은 조롱을 받거나 수치의 대상이 되기 쉽다. 자기보다 힘센 동물 앞에서 도망치는 햄스터가 다른 햄스터들에게 놀림 받는 일이 없고 다른 햄스터 앞에서 도망치는 햄스터조차도 이 때문에 부끄러움을 느끼지도 않는다. 햄스터에게는 부끄러움이라는 감정이 없기 때문이다. 부끄러움은 상호 연결된 집단 안에서의 생활과 관련이 있는 듯하고 또한 이러한 감정을 느끼기 위해서는 복잡한 신경구조를 지녀야 한다. 부끄러움은 특히 인간이 많이 느끼는 감정인데 영장류에 속한 다른 동물도 특정한 형태로 부끄러움을 표현하는 것으로 보인다. 햄스터나 토끼, 울새나 악어 그리고 상어 따위는 이러한 감정이 없다. 부끄러움이나 죄의식과 비슷한 감정은 살아남는데 방해만 될 뿐이다.

그렇기 때문에 누가 적자인가라는 질문은 한마디로 대답할 수 있는 것이 못된다.

여기서 '적자'란 그 무엇보다도 태도의 문제이다. 적자의 의미가 가장 '강한 자'나 가장 무모한 전사를 의미하는 것이 아님을 우리는 이미 밝혔다. 모든 것은 총체적인 환경에 달려 있다. 소버E. Sober가 말했듯이 한 생물이 일반적인 시각에서 생존하기에 적합한 조건을 갖추었더라도 이것은 쉽게 무용지물이 될 수 있다. 수많은 질병에 면역력을 지니고 있고 적과 마주쳤을 때 어떻게 대처할지 잘 알고 있는 생물체도 다른 이유 때문에 빨리 죽을 수 있다. 예를 들어 화산폭발이 일어나면 그 어떤 면역력도, 적 앞에서 도망칠 수 있는 멋진 전략도 아무런 소용이 없다. 그러므로 적합이란 개념은 절대적인 것이 못된다. 이는 내가 다른 책에서 이미 했던 말이기두 하다.

특정한 환경에서 동족 중에서 가장 뛰어난 적자로 증명된 개체라도 모든 어려움을 뚫고 살아남는 것은 아니다. 광활한 서부에서 아무리 뛰어난 총잡이라 하더라도 도전자를 맞이해야 하고 길을 잃을 가능성도 있는 것처럼 말이다. 이것은 가장 자리를 잘 잡은 적자 딱따구리나 적자 늑대, 적자 담비(족제비)라고 해서 예외는 아니다. 이들보다 더 뛰어난 적자가 주위에 얼마든지 살고 있을지 모른다.

오늘의 적자가 내일의 부적자^{不適者}가 될 수도 있다. 진화의 과정을 거쳐 오면서 생물의 적응력도 자연스럽게 높아졌다고 생각한다면 큰 오해이다. 또한 진화가 특정한 공식에 맞춰 진행되는 것도 아니다. 살아 있는 존재는 모두 결국 존재와 비존재^{非存在}라는 두 갈래의 좁은 길 앞에 설 수밖에 없다. 운이 좋은 존재도 있고 불운한 존재도 있기 마련이다.

사실 이것은 진화론이나 생물학적 관점에서 뿐만 아니라 인간의 여러 모습을 놓고 볼 때도 아주 흥미로운 주제이다. 왜 어떤 사람들은 심각한 질병이나 위험한 직업 또는 선천적으로 약한 심장 등에도 불구하고 장수를 누리는 것일까?

또한 상식적으로 판단해볼 때 건강한 삶을 누리고 선천적으로 아무런 결함도 없는 신체의 소유자가 일찍 죽는 것은 무엇 때문일까? 미국의 유명한 고생물학자이자 진화론자인 스티븐 제이 굴드_{Stephen Jay Gould, 1941~2002}는 자신의 이야기에서 일반적인 통계는 그저 하나의 숫자에 불과함을 역설하고 있다. 1982년에 굴드는 '복부중피종^{腹部中皮腫, abdominales Mesotheliom}이라는 진단을 받았는데 자신을 치료하던 의사는 굴드가 8개월 이상을 살 수 없다고 선고했다. 굴드는 이러한 충격적인 진단에도 불구하고 끈질기게 살아남았다.(그는 삶을 사랑했고 살아서 더 많은 책을 쓰기를 원했다. 그러니 어쩌란 말인가!) 그 후로도 20년을 더 살았으니 말이다. 우리 사회의 평균수명과 비교해볼 때 굴드가 그리 오래 살지는 못했지만 내가 들은 바로는 다른 종류의 암에 걸려 사망했다고 한다. 여기서 핵심은 다음과 같다. 특정한 병에 걸려 8개월밖에 살지 못한다는 진단은 추상적인 통계에만 바탕을 두고 있으며 그 질병과 관련된 개인이 진단 사실에 크게 영향을 받지 않는다면 실제로는 무의미하다(이는 확실히 개인에 따라 다르다). 똑같은 진단을 받고도 2~3주 만에 죽는 사람이 있는가 하면 굴드처럼 운 좋은 사람은 20년을 더 살기도 한다.

물론 우리는 어떤 개체가 적자인지 미리 말할 수는 없다. 태어날 때부터 한쪽 다리가 없는 엘크^{elk}(사슴의 일종 – 옮긴이)나 절름발이로 태어난 오리는 살아남기에 적합한 신체 조건을 지니지 못했다. 이것은 확실한 사실이다. 하지만 건강하게 태어난 엘크나 오리 중 어떤 녀석이 생존에 높은 적합성을 지니고 있는지는 오직 성장한 후에나 얘기할 수 있을 것이다.

내가 여기서 강조하고자 하는 점은 모든 종류의 생물은 다른 종과 구분되는 특징을 가지고 있다는 것이다.

당연한 이야기이다. 진화론자들은 생물계의 모든 현상에 대해 두 가지의 질문을 자주 던진다.

- 이 현상은 어디에서 비롯되었는가? 그리고 어떻게 생겨났는가?
- 이 현상의 생물학적 목적은 무엇인가?

예를 들어 생물의 행동 특징은 우리가 그 생물의 계통발생적인 근원과 목적을 알아야만 충분히 이해하고 설명할 수 있다. 여기서 '목적'이란 고차원적인 의미가 물론 아니다. 이것은 생물의 특정한 행동이 생존하는데 미치는 직접적인 이점을 말한다. 우리는 이 부분에 대해 나중에 좀 더 알아볼 것이다.

이러한 배경에서 나는 진화론적인 관점이 우리 인간의 행동 특성도 포함하고 있음을 강조하고 싶다. 그런데 다윈의 이론을 비롯한 진화론 전부에 대해 오늘날까지도 회의적으로 보는 사람이 상당히 있으며 심지어 반박되기까지 한다.

또한 인간을 다루는 다른 여러 과학 분야에서 충분한 가치를 인정받지 못하고 있다.

예를 들어 의학을 살펴보자. 물론 그동안 의학과 진화론의 상관관계에 관한 흥미로운 접근이 있어온 것은 사실이다. 하지만 의사들은 대부분 진화론에 큰 관심을 두지 않는다. 물론 의사가 환자와 진화론에 대해 토론하기보다 아픈 환자를 치료해야 한다는 것은 잘 알고 있다. 그래도 나는 모든 의사가 진화론에 관한 기본적인 지식을 갖추고 있다면 좋을 것이라고 생각한다. 왜냐하면 위에서 말한 두 가지 기본적인 질문은 질병 현상에 관한 것이기도 하기 때문이다. 그러면 다시 생존에 대한 적성適性, Tauglichkeit 의 문제로 돌아가 보자.

이전에도 여러 번 말했듯이 적성은 다양한 얼굴을 지니고 있다.

건강과 웰빙에 사로잡힌 오늘날 우리 사회에서 적자란 자신의 직장에서 죽어라고 일한 다음 다시 마라톤 코스까지 주행하는 사람이 아니며 휴일에 극단적인 스포츠로 몸을 단련하는 사람이 아님을 종종 잊어버린다.

적자란 이보다는 자신의 한계를 잘 알고 이에 따라 행동하는 사람을 뜻한다. 고통을 증오하고 남몰래 약으로 아픔을 이겨내려는 우리 시대의 비정상적인 생활방식은 진화론적인 관점에서 볼 때 한참 잘못된 것이다.

하지만 현대 사회에서 직장인들은 아플 권리도 빼앗긴 채 자신의 고통을 드러내지 못하며 살아간다. 그러나 더 이상 진화의 역사를 속일 수는 없다. 자연은 자신의 고통을 참아내고 현대의 노동 세계에 편입되기 위해 온갖 애를 쓰는 사람들에게 합당한 보상을 해주지 않는다.

현대 사회에서 급속도로 번져가는 경제적 스트레스 때문에 전체적으로 현대인은 건강이 약화되어 병치레가 잦고 고통이 늘어가는 현상은 인류에게 큰 손해이다.

'오늘날은 모든 것이 빠르게 진행되므로 우리도 이 속도에 적응해야 한다.' 우리는 현대 사회의 우두머리나 우두머리가 되고자 하는 사람들이 이와 같이 주장하는 것을 자주 들을 수 있다.

그러나 위기에 처하지 않으려면 현대의 기계문명 사회에서는 속도를 늦추는 편이 우리에게 훨씬 이롭다. 그렇지 않으면 기계

문명 사회가 우리의 머리 위에서 무너지고 말 것이다. 사회의 구성원을 병들게 하는 사회는 그 자체가 병든 사회이다.

03 Chapter

위장과
속임수

세상은 속임수를 원한다Mundus vult decipi.
— 서배스천 브란트(Sebastian Brant)

악마처럼 거짓말을 하라.
— 볼테르(Voltaire)

'정직이 최선의 전략이다'라는 오래된 격언이 있다. 이 말은 어떤 경우에는 진리일 수 있지만 모든 경우에 통용되는 원칙은 아니다. 특히 생존만이 가장 중요한 자연에서는 더욱 그러하다. '정직한 자'는 종종 뒤처지고 만다.

　동물의 세계에는 거짓말과 속임수, 기만과 조작이 판을 친다. 말할 것도 없이 우리는 이를 윤리적 잣대로 판단하거나 해석하지 말아야 한다. 자연은 도덕과는 상관없으며 그 속에서는 살아남는데 도움이 되는 것이면 무엇이든 허락되기 때문이다. 자연에서는 꼬집고 밀고 물고 차는 모든 행위뿐 아니라 속이는 것까지 허용된다. 소머는 이렇게 썼다.

먹고 먹히는 세계에서는 위장과 속임수, 기만과 거짓이 살아남는데 가장 중요한 방법이다. 먹이와 포식자의 적대관계에서는 믿을 만한 정직성이 아니라 상대를 속이는 기술이 장점이 된다.'(당연한 말이다! 뱀을 믿는 토끼는 얼마나 어리석은가?)

이러한 생존의 법칙은 동료들 사이에서 살아남기 위한 법칙으로도 유효하다. 하지만 이것은 그다지 놀라운 사실이 아니다. 앞 장에서 얘기했듯이 '진정한' 투쟁은 동족 사이에서 벌어지기 때문이다. 배우자를 차지하기 위한 경쟁에서 (인간을 포함하여) 모든 생물은 자신을 과시하며 필요하다면 으스대기까지 한다

그러므로 으스대는 동물이 살아남을 확률이 많다. 이것은 물론 속임수가 들통 나지 않는 범위에 한해서이다.

이 한도 내에서 동물들은 최대한 서로 속인다.

살아 있는 존재는 모두 주위 환경이나 동족 또는 여러 위험에서 자신을 보호해야 한다. 그러나 지진이나 화산폭발, 홍수나 가뭄과 같은 자연재해 앞에서는 변신이나 속임수도 아무런 소용이 없으며 이것은 동종이든 이종이든 외부의 생물체와 마주쳤을 때만 효과가 있다. 동물들의 변신과 속임수를 이야기할 때 우리는 인간의 목적 의식적인 속임수와 구분할 필요가 있다. 진화의 과정을 거치며 다수의 힘없는 동물은 위험한 포식동물과 비슷한 모습을 함으로써 자신을 보호하는 방법을 발달시켰는데 의태mimicry라고 부르는 현

상이 바로 그것이다. 이에 대해서는 다음 장에서 자세히 설명하겠다. 여기서 한 가지는 분명하다. 화려한 속임수는 동물의 세계에서는 흔한 현상으로 이러한 위장의 기술이 없었다면 많은 동물이 살아남지 못했을 것이다.

인간은 다른 동물과 마찬가지로 위장과 속임수를 쓰기는 하지만 도덕적 체계가 이것의 사용을 방해하는 것으로 알려진 유일한 동물이다. 다른 사람을 속일 때 많은 사람이 적어도 죄책감은 느낀다. 나아가 속임수를 썼을 때 처벌함으로써 이러한 행동을 못하게 막는 방법도 있다. 그런데 이것은 또 다른 이야기이다.

동물세계에서의 위장술

입는 사람을 투명인간으로 만드는 외투나 모자는 그리스 신화뿐 아니라 독일의 신화에도 자주 등장했던 소재이다(좁은 의미에서 꼭 모자가 아니라 하더라도……). 우리도 가끔 다른 사람의 눈에 띄지 않고 살아가기를 꿈꾼다. 남의 눈을 피할 수 있다는 것은 확실히 큰 장점이다. 터무니없는 짓을 해도 아무도 지켜보는 사람이 없다면 얼마나 멋진가…….

하지만 인간세계에서는 꿈에 지나지 않거나 신화나 판타지의 소재로 이용되고 있는 현상이 동물 세계에서는 오래전부터 있었다. 차이가 있다면 동물은 인공적인 투명외투 따위는 필요로 하지 않는다는 것이다.

자연선택에 따른 진화의 역사에서 동물은 자신을 (완벽하게는 아니지만 거의) 보이지 않게 하는 방법으로 자신을 보호하고 이에 맞춰 적응해왔다.

북극지방에 사는 북극곰이나 북극여우 또는 북극토끼와 뇌조(들꿩)와 같은 동물은 눈과 얼음으로 뒤덮인 지역에서 흰색 털로 위장했다. 이 동물들은 움직이지 않고 있으면 주위 배경과 거의 구분되지 않는다. 또 알락해오라기의 깃털에는 서식지인 갈대밭과 비슷한 줄무늬가 있어 머리와 부리를 치켜 올리면 그 모양이 영락없이 갈대와 같다. 움직이지 않으면 아무도 알락해오라기가 있는지 알아채지 못한다.

또 어떤 동물은 계절에 따라 깃털이나 털의 빛깔을 바꾸기도 한다. 산족제비는 여름에는 털이 갈색이지만 겨울에는 흰색으로 변한다. 가자미도 몸의 색깔을 단시간에 바다 밑바닥과 같은 색으로 바꾸어 바다 밑바닥의 모래와 구별할 수 없도록 하는 재주가 있다. 또한 카멜레온도 빼놓을 수 없다. 카멜레온의 피부 속의 색소세포는 온도나 빛의 변화 따위의 외부 자극과 배고픔이나 흥분과 같은 내부의 자극에 의해 겉모습이 바뀌면서 계속 몸 색깔이 달라지게 한다.

이러한 색깔의 변화는 동물의 능동적인 심리 변화에 따라 일어나는 과정과는 거리가 멀다. 대부분의 동물은 자신과 색깔이 맞는 장소를 찾아 휴식을 취하는 방식을 따른다. 색깔을 바꾸는 대신 자신이 눈에 띄지 않을 만큼 색깔이 비슷한 장소를 찾아 몸을 숨기는 것이다. 녹색의 나뭇잎 위에 서식하는 녹색 동물이나 모래 위에 살면서 몸의 색깔이 모래 색과 같은 동물이 좋은 예이다. 자연에서 다른 동물의 눈에 띄지 않게 하는 것은 매우 중요한 전략이다.

물론 이러한 보호, 적응도 긴 수명을 전적으로 보장하는 전략은 되지 못한다. 진화에는 보장이 따르지 않기 때문이다. 단지 상대적으로 안전한 환경을 제공할 뿐이다. 다른 동물보다 위장술에 능한 동물은 그렇지 않은 동물보다 적의 눈을 피해 보호받을 수 있는 가능성이 더 크다.

또한 주변의 빛깔과 비슷한 피부색을 가진 동물은 일반적으로 주위 환경과 다른 피부색을 가진 동물보다 생존할 가능성이 높다. 이것은 적어도 상대적으로 몸집이 작고 방어능력이 없는 동물에게는 틀림없는 사실이다. 다시 말하면 '자신의 동족보다 눈에 덜 띄는 동물이 자연에서 선택될 가능성이 더 크다.'

이런 것은 군대 내에도 잘 알려져 있다. '눈에 띄지 말라'는 상관과 문제를 일으키고 싶지 않거나 전시에 살아남고자 한다면 반드시 기억해야 할 원칙이다. 앞에서도 말했듯이 병사들은 대부분 살아남기를 원한다. 디트푸르트는 《병사의 삶》이란 제2차 세계대전을 다룬 책에서 다음과 같이 썼다.

> 몇 시간 동안 방해받지 않고 잠잘 수 있는 구석진 장소를 발견하
> 기. 귀찮은 일이 생겼을 때는 자신을 보이지 않게 하는 기술. 그
> 러다가 편지나 담배, 식사가 배급될 때는 제시간에 제자리에 있
> 기. 이것들을 위한 기본적인 원칙은 '눈에 띄지 말라'는 것이다. 이
> 원칙을 지키기 위해 많은 신경을 써야 했다.

위장용 제복이 군사 작전에서 커다란 역할을 한다는 것은 놀랄
만한 일이 아니다. 그래서 적의 눈에 잘 드러나지 않는 '야전용
회색 제복'이 선호되었다. 위장술에 능한 부대는 생존의 조건에서
위장술에 약하거나 아예 위장이 없는 부대에 비해 월등히 큰 장
점을 가지고 있다.

내가 군대의 위장술과 동물의 위장술을 한꺼번에 비교하는 것
을 이해해주기 바란다. 물론 북극여우는 자신이 살고 있는 북극
의 벌판과 자신을 구분할 수 없게 만들어주는 흰색 털에 대해 아
무것도 모른다. 이에 비해 군인들은 왜 자신이 위장술을 쓰는지
잘 알고 있다. 하지만 이 둘에 기본적으로 어떤 차이가 있는가?
없다. 양쪽 다 눈에 보이거나 보이지 않는 공격자에게서 자신을
보호하는 것이 목적이다.

이것이 가장 핵심적인 부분이다. 그렇다고 해서 군사작전 명령

이 항상 올바른 판단을 하는 것은 아니다. 디트푸르트가 기술했듯이 한번은 핀란드와 러시아 접경지역에 주둔하고 있던 자신의 부대에 명령이 떨어졌다. 위장을 위해 철모에 치약을 바르라는 지시였다. 이 명령이 있은 후 눈 덮인 벌판으로 나온 부대원들은 사병 하나가 철모에 분홍색 치약을 바르고 나온 것을 알았다. 하지만 아무도 이 사실을 신경 쓰지 않았다. 어떤 치약의 색깔을 칠해야 하는지는 명령에 들어 있지 않았기 때문이다. 하지만 분홍색 치약을 바른 철모를 쓴 병사는 적의 눈에 쉽게 발각될 수 있음은 누구나 쉽게 생각할 수 있는 부분이다. 따라서 한 명의 병사가 눈에 띄면 나머지 부대원도 쉽게 들킬 수밖에 없다. 제2차 세계대전뿐만 아니라 그 전후에 있었던 수많은 전쟁터에서 이처럼 어리석은 군사작전으로 얼마나 많은 젊은이가 목숨을 잃었는지 아직 그 누구도 통계를 낸 적이 없다.

자 이제 좀 더 즐거운 이야기로 돌아가 보자. 학자들이 '현재진행형의 진화'의 좋은 예일 뿐만 아니라 '우리의 눈앞에서 벌어지고 있는 가장 놀라운 진화의 현상'으로 묘사했고 우리에게도 잘 알려진 가지나방peppered moth(학명 Biston betularia – 옮긴이)의 진화현상에 대해 살펴보려 한다.

19세기 중반 산업화된 공장지역에 둘러싸인 영국의 숲에서 처음으로 흰색가지나방의 변종인, 이전보다 어두운 색의 가지나방이 나타나기 시작했다.

공단 지역의 환경 탓에 대체로 지저분하고 공기가 나쁜 곳에서 이들의 변화된 색깔이 살아남기에 좋은 장점이 되었음은 두말할 필요가 없다.

이곳에서 어두운 색의 가지나방은 원래 흰색이었던 가지나방보다 포식자(새)들의 눈에 덜 띄는 것이 확실하기 때문이다. 산업화가 많이 이루어진 지역의 외곽 지역에도 어두운 색의 나방이 나타나기는 했지만 그 수는 훨씬 적었고 몇 세대가 지나면서 자연선택에 의해 결국 소멸되었다.

'자연선택이 동물의 발달 과정에 영향을 미치는 사례에서 가지나방의 진화는 가장 흥미로운 본보기에 속한다.

그동안 이에 대한 논란이 많았던 탓에 지금 우리가 이 문제에 대해 확신을 갖고 주장하기는 어렵다. 한편 1990년대 후반에 진행된 한 연구 결과에 따르면 산업 지역의 환경이 '깨끗해'진 지금 영국의 숲에는 밝은 색깔의 나방이 활개를 치고 있다고 한다.

'그릇된 사실'의 위장

법의 세계에서 속임수는 사기에 속한다. 사기란 본디 한 사람이 다른 사람을 이용해서 물질적 손해를 끼치고 자신의 이익을 챙기는 것을 말한다. 형법상 이러한 잘못된 행위 외에 '가해자'가

타인에게 물질적 손해를 끼치지 않고도, 예를 들어 직장에서 부정한 방법으로 자신만의 이익을 취한다든지 해서 타인을 속이는 일도 많다.

하지만 실제의 생활에서는 행위자의 의도를 우리가 언제나 알수는 없으므로 어떤 행위가 사기인지 단정하기란 쉽지 않다. 그런데 자연의 세계에서는 인간 세계 법관의 법적이고 도덕적인 잣대와는 관계없이 모든 것이 자연의 선택에 따라 해결된다. 많은 동물이 오직 속임수에 의지해 살아간다. 어떤 상황에서 이 속임수가 다른 동물을 해치거나 죽음에 이르게 하더라도 크게 상관없다.

잎벌레phylliidae는 식물이 아니라 대벌레 종에 속하는 곤충이다. 이 곤충은 모양이나 색깔이 거의 나뭇잎처럼 보인다. 자연 현상의 변덕으로 보이는 잎벌레의 모습은 사실 자연선택으로 살아남기 위한 곤충의 나뭇잎 흉내 내기의 결과이다. 이러한 방법으로 상대적으로 적의 눈을 피해 보호를 받는다. 포식자들은 나뭇잎에 관심을 두지 않는다. 대벌레과의 이 곤충은 벌레가 아닌 척 나뭇잎 행세를 해 살아남을 가능성을 높인다.

이들의 나뭇잎 흉내 내기는 나뭇잎을 닮은 앞날개뿐만 아니라 바람에 흔들리는 나뭇잎이나 추가 흔들리는 것 같은 몸의 동작에서도 잘 나타난다. 열대지역에 사는 왕흰띠푸른자나방(학명, Geometra papilionaria - 옮긴이)도 비슷한 속임수를 쓴다. 날개를 접고 나뭇가지 위에 앉으면 이 나비는 다른 나뭇가지에서 떨어진 이파리처럼 보인다.

나뭇잎과 비슷하게 생긴 곤충의 예는 많다. 어떤 나방은 너덜너덜하고 구멍이 많은 나뭇잎과 같은 모양의 날개가 있으며 또 다른 곤충의 나뭇잎 모양의 날개는 썩은 곰팡이를 연상시킨다. 이런 곤충과 나뭇잎의 유사성이 자연선택에 따라 계속 발달되어 왔고 주변에 더 잘 적응하기 위한 전략이라는 것을 부정하는 동물학자도 있다.

하지만 이들 동물학자조차 이러한 자연 현상을 바꾸지는 못한다. 만약에 이 생김새의 유사성과 흉내 내기가 그 동물에게 단점으로 작용했다면 이들은 오래 살아남지 못했을 것이다. 자연선택은 생물체에게 '해로움'을 끼치는 특성의 편에 서지 않는다.

다시 처음으로 돌아가 보자. 우리가 앞에서 살펴본 것은 대부분 19세기에 발견된 사실이며 생물학의 역사에서 다른 여러 사실과 마찬가지로 다윈의 자연선택설을 지지하는데 사용되었다.

영국의 자연과학자 헨리 베이츠Henry Walter Bates, 1825~1892는 몇 년에 걸친 아마존 탐사에서 약 1만 4천여 종의 동물을 수집했다. 이 중 대부분이 곤충이었으며 곤충의 절반은 이때까지 발견된 적이 없던 새로운 종이었다. 베이츠는 찰스 다윈의 자연선택설의 추종자였다. 그가 발견한 자연 현상과 베이츠의 해석은 수많은 논란을 불러 일으켰는데 아직까지도 진화론자들에게 두통거리를 안겨주고 있다. 이 자연 현상은 의태(흉내 내기)라고 과학계에서 이름을 붙였는데 종종 발견자의 이름을 따서 베이츠 의태라고도 부른다. 의태는 많은 곤충이 살아남기 위한 전략으로 선택하는 현상이다.

아마존 유역에서 베이츠는 생김새가 아주 비슷한 나비를 관찰하고 수집했는데 이들을 자세히 살펴보면 해부학적으로 다르고 서로 다른 과에 속하는 나비였다. 이 나비 중에는 포식자인 새가 먹을 수 있는 종류가 있고 먹을 수 없는 종류도 있었다. 새가 잡아먹는 나비의 경우 그 생김새나 색깔이 새가 먹을 수 없는 나비나 독성이 있는 나비를 닮게 되면 나비의 적들이 피하기 마련이므로 이로운 점이 많다. 이러한 현상은 나비에게만 한정되지 않는다.

곤충 중에는 말벌과 같은 모양을 한 종류도 많다. 말벌은 공격을 해오는 적에게 독침을 쏘는 것으로 자신의 몸을 보호하는 곤충으로 잘 알려져 있다. 또 오스트레일리아에는 같은 이유로 '무서운' 개밋과의 개미와 같은 생김새를 한 독성이 없는 개미도 있다.

베이츠의 발견 후 몇 년이 지나지 않아 아마존 지방을 여행하던 독일의 동물학자 프리츠 뮐러Fritz Müller, 1821~1897가 독성이 있어서 다른 동물이 잡아먹을 수 없는 곤충들도 서로 모습을 흉내 낸다는 사실을 새로이 발견했다(뮐러의 의태). 이 또한 곤충을 잡아먹는 새의 주의를 돌리기 위한 현상임이 밝혀졌다. 한편 '곤충을 잡아먹고 사는 새가 어떤 곤충은 먹을 수 없음을 알게 되면 그와 비슷하게 생긴 곤충은 피하려 할 것이고 이렇게 되면 닮은 모습을 한 다른 곤충도 목숨을 건질 수 있게 된다.' 다시 말해 다른 곤충의 모습을 흉내 냄으로써 곤란에 빠지지 않고 살아남을 가능성이 어느 정도 높아지는 것이다.

최근에 발견된 또 다른 자연 현상으로 같은 종에 속한 동물이 서로 흉내 내는 자가의태Automimikry가 있다. 아프리카에 사는 반날개rove beetle(딱정벌레의 일종 – 옮긴이)라는 곤충 종은 보통 수컷이 암컷보다 몸집이 크지만 수컷도 몸집의 크기가 다양하다.

그들만의 먹이 영역(똥 무더기)에서 덩치가 큰 수컷은 덩치가 작은 반날개들을 쉽게 제압한다. 그러므로 덩치가 작은 수컷은 '암컷 흉내 내기Weibchenmimikry'의 전략을 사용하는데 이것은 아예 약자를 흉내 내어 덩치 큰 수컷들이 지배하는 세상에서 살아남고 먹이에게도 쉽게 접근하기 위한 것이다.

마지막으로 선택의태fakultative Mimikry를 들 수 있다. 선택의태는 약한 동물이 포식자나 공격적인 동물을 흉내 내는 것이 아니라 위험한 동물이 약한 동물을 흉내 내는 현상이다. 블레니blue-striped fang blenny는 산호초 속에 사는 포식 물고기로서 다른 물고기를 잡아먹지 않는 클리너피쉬Cleaner fish(청소부 물고기 – 옮긴이)의 몸 색깔을 흉내 냄으로써 물고기들이 위험을 모르고 접근할 때 사나운 이빨을 드러내어 잡아먹는다. 블레니는 또 먹이를 구하는 방식에서 융통성도 발휘한다. 클리너피쉬가 주위에 없을 때는 몸 색깔을 바꾸는 다른 전략으로 먹이를 잡는다.

나는 독자를 위해 의태와 관련된 자세한 논의를 다 다루지는 않겠다. 이 책의 주제와 관련해서 이러한 논의는 사실 크게 중요한 것이 아니다. 보다 중요한 것은 다른 동물(또는 식물)의 흉내를 내어 많은 생물이 생존할 가능성이 높아지고 살아가는 것이 더 쉬워졌다는 점이다. 이들은 적에 맞서 용감히 싸우기보다 나뭇가지 위에 나뭇잎처럼 납작하게 엎드리거나 다른 위험한 동물의 생김새와 행동을 흉내 내며 평화롭게 살고 있다. 이것이 더 영리한 방법이 아닌가? 갈수록 많은 사람이 자연의 지적 설계intelligent design를 믿는 오늘날, 정말로 자연에 '지성'이라는 것이 있다면 다른 동족보다 더 나은 삶의 조건을 차지하기 위해 노력하는 동물이 더 우위에 서게 된다는 것이다. 이러한 노력에는 계획이나 의도가 필요 없다.

특정한 생김새나 몸의 색깔 또는 행동으로 적에 둘러싸인 환경에서 (절대로 우호적인 환경이 아니다!) 시련을 견뎌내는 것만으로 그 의미가 충분하다. 잎벌레가 자신의 생김새가 어떠한지 아는 것은 중요하지 않다. 중요한 것은 생김새가 살아가는데 도움이 된다는 것이다.

몸 부풀리기

애석하게도 그다지 널리 알려지지 않은 《인간과 동물의 감정 표현》이라는 책에서 다윈은 고양이에 대해 다음과 같이 기술했다.

겁을 먹은 고양이는 온몸을 팽팽하게 세우는 동시에 등을 굽히는 우스꽝스런 모습으로 변한다. 그러면서 침을 뱉기도 하고 쉭쉭거리거나 으르렁거리는 소리를 낸다. 또 온몸의 털이 곤두서면서 동시에 꼬리도 바싹 선다. 내가 관찰한 바로는 꼬리가 곧추 서면서 그 끝이 한쪽으로 굽어졌다. 또 어떤 경우에는 꼬리만 살짝 들리면서 꼬리 끝이 휘는 모습을 보인다.

고양이를 잘 아는 사람이라면 고양이가 위험을 느낄 때 등을 굽히고 꼬리를 '부풀리는' 행동으로 상대를 제압하고 위협하려는 것을 알 수 있다. 우리 집에 암수 고양이 두 마리가 살고 있는데 이유는 잘 모르지만 간혹 서로 싸운다. 이때 암고양이는 꼬리를 치켜 올릴 뿐 아니라 수고양이에게 다가갈 때 옆으로 걸어가는데 이것은 자기 몸의 넓은 면을 보여줌으로써 수컷을 제압하려는 의도가 아닌가 생각된다.

나는 고양이가 이 같은 행동을 자주 하는 동물인지 또 이러한 행동이 집 고양이에게서 볼 수 있는 '정상적인' 행동인지 잘 알지 못한다. 하지만 고양이의 이런 행동이 상대에게 위협 신호를 보내는 행위라는 것 정도는 알고 있다. 자신의 몸을 부풀림으로써 고양이는 더욱 크고 강해 보이는 것이다.

우리는 동물학자이며 고양이 전문가인 폴 레이하우젠Paul Leyhausen, 1916~1998의 다음과 같은 말에서 고양이의 어떤 행동이 '정상'인지 답을 얻을 수 있다. '모든 것은 주변 환경에 달려 있다.' 모든 동물은 자신의 생물학적 조건에 따라 또 처한 상황에 따라 스스로 이로운 방향으로 자신의 능력을 활용한다. 복잡한 신경구조와 이와 유사한 학습능력을 지닌 동물은 간혹 특별한 능력을 보이기도 한다.

나의 부모님은 닥스훈트Dachshund 종의 개를 한 마리 키웠는데 (그게 언제 어떻게 시작되었는지 유감스럽게도 아무도 기억하지 못하지만) 이 개는 바닥이 잘려나간 플라스틱 통에 코를 집어넣고는 공중에 휙 던지는 놀이를 좋아했다. 나중에는 거의 곡예사 수준으로 그 '예술'을 터득했다. 우리 집 개의 취향을 가족이 모두 알고 있었으므로 아버지는 정기적으로 플라스틱 병의 아랫부분을 잘랐다. 병을 자르는 소리가 들리면 닥스훈트는 이때부터 완전히 흥분했다.

아랫부분이 잘리자마자 곧바로 코를 병 속에 집어넣고는 마당을 뛰어다니며 플라스틱 병을 하늘로 던져 올렸다. 손님이라도 있을 때면 이 개는 그 짧은 다리로 있는 힘껏 달리며 손님들 앞에서 병을 던져 올리는 재주를 보였다. 그 닥스훈트는 그리 오래 살지 못하고 아홉 살이 되던 해 간에 문제가 생겨 죽었다. 하지만 나는 그 개가 아주 멋지고 다채로운 삶을 보내다 갔다고 생각한다. 이웃집 개들이 닥스훈트의 '곡예'에 관심을 보였지만 우리 집 개는 자신의 특별한 기술을 무덤까지 갖고 갔다.

닥스훈트는 자신의 행동으로 사람들의 관심을 받는 것이 아주 중요했던 것 같다. 그리고 개는 사람들의 관심을 확실히 누렸다. 어떤 면에서 닥스훈트는 자신이 지닌 능력으로 기회 있을 때마다 사람들의 관심을 끌기 위해 자신의 몸을 부풀리는 행동을 한 것이나 다름없다(실제로 털을 부풀린 것은 아니다. 만약 그랬다 하더라도 그리 감동적이지 않았을 것이다).

동물의 세계에서 몸 부풀리기는 널리 퍼져 있다. 이것은 어떤 면에서 의태와 대응되는 행동으로 볼 수 있다.

몸 부풀리기는 다른 동물의 흉내를 내거나 주변 환경에 맞추어 색깔을 바꿈으로써 위장하는 것과 달리 주위의 관심을 끌기 위한 행동이다. 여러 세대에 걸쳐 동물학자들이 이와 같은 몸 부풀리기에 대한 신기한 사례를 수집해왔다. 예를 들어 크리그Krieg는 남 아메리카의 작은개미핥기Tamandua에 대한 관찰 결과를 보고했는데 개미핥기들이 개들에게 포위당하면 똑바로 서서 팔을 벌린다. 이때의 모습은 뚱뚱한 허수아비처럼 보인다(사진을 보고 내가 연상한 것이다). 다윈 또한 개미핥기가 털을 곤두세우는 것을 관찰했다고 말한 바 있다.

이렇게 위협을 당했을 때 털을 곧추 세우는 모습은 포유류에게서 많이 볼 수 있다. 두려움과 공포를 느낄 때 사람들이 흔히 사용하는 '머리털이 쭈뼛 선다'라는 표현은 우연히 생기지 않았다. 다윈도 오래전에 발견했듯이 '포유류가 위험을 느낄 때 털을 세우는 것은 흔한 일이며 종종 이것은 이빨을 보이거나 으르렁거리는 등의 동작과 함께 표출된다.'

16종에 이르는 고슴도칫과의 동물 중 '진정한' 모습의 고슴도치는 몸의 털을 가시로 바꾸는 능력을 가지고 있다. 이러한 변신 능력으로 고슴도치는 뛰어난 방어 능력을 지니게 되었다.

수컷 고슴도치는 약 2~3cm 되는, 끝이 뾰족한 털이 5천여 개나 나 있는데 위험을 감지하면 몸의 털이 근육의 움직임 한 번으로 일제히 곤두선다. 또한 몸통을 동그랗게 말아서 적의 위험을 피해 연약한 배 부분을 보호하기도 한다. 이러한 고슴도치의 방어 행동이 더할 나위 없이 훌륭하다는 것은 수백만 년 동안 증명되었다. 그러므로 위험이 닥치더라도 고슴도치는 달아날 필요가 없다. 몸에 있는 가시가 개나 여우, 담비와 같은 여러 포식동물에게서 고슴도치를 보호해주기 때문이다. 하지만 고슴도치의 털은 자동차나 자전거와 같은 문명의 이기가 가득한 인간세계에서는 운 없게도 큰 보호막이 되지 못한다.

아마 위의 이야기와 비겁함 사이에 무슨 연관이 있는지 독자들이 명확하게 이해하지 못할 수도 있다. 그렇지만 앞에서 열거한 사례로 미루어 일부에서 주장하는 것처럼 동물이 살아가는데는 용기라는 것이 필요하지 않음을 알 수 있다.

어떤 동물은 특별한 방어 전략이 있어 용감한 행동 없이도 살아갈 수 있다. 또 어떤 동물은 성공적인 번식을 위해 자신의 몸을 부풀려 '멋지게' 보임으로써 배우자의 가능성이 있는 상대를 유혹하는데 이 경우에는 자신이 용감하다는 것을 굳이 증명할 필요가 없다.

방어 전략으로 가시를 이야기하는데 산미치광이(호저, 가시 달린 돼지 - 옮긴이)를 빼놓을 수 없다. 산미치광이(호저)는 설치류에 속하는 동물로 돼짓과에도 속하지 않고 고슴도칫과에도 속하지 않지만 이들과 비슷한 방어 전략을 발달시켰다. 위협을 느끼면 산미치광이는 고슴도치보다 더 긴 털을 빳빳하게 세우고 앞뒤로 흔든다.

게다가 몸을 부풀리며 쿵쿵거리는 소리도 내지른다. 이것뿐만 아니다. 산미치광이는 적을 향해 옆걸음 또는 뒷걸음으로 공격하기도 하는데 이것은 전략적으로 매우 영리한 방식이다. 산미치광이의 가시는 길어서 공격자의 몸을 찌를 뿐 아니라 몸에서 떨어져 나와 적의 몸에 박히기도 하는데 가시가 박힌 자리가 감염되어 상대를 죽음에 이르게 하기도 한다. 그러므로 사자와 같은 맹수조차 산미치광이를 공격하여 잡아먹기가 쉽지 않다.

포유류의 털이 아니라 여러 가지 다른 형태로 몸을 감싼 동물은 자신의 방식으로 몸을 부풀린다. 여기서 새를 예로 들어보자. 새는 깃털을 이용해서 몸을 부풀린다. 공작의 깃털을 생각해보라. 공작새가 거대한 꼬리털과 함께 몸의 깃털을 펼치면 그 아름다움에 눈이 다 부신다.

칠면조도 화려하게 몸을 부풀리는 조류 가운데 하나이다. 칠면조는 깃털을 화려하게 펼쳐보일 뿐 아니라 '골골거리는' 울음소리도 함께 내지른다.

흥분한 칠면조가 내지르는 소리는 들어본 사람만 안다!

앞서 기술한 조류를 비롯한 여러 조류의 몸 부풀리기는 대부분 수컷에 한정되어 있으며 암컷을 유혹하기 위해 사용된다. 하지만 어딘가 있을지 모르거나 직접 마주친 적에게 겁을 주기 위해서도 이용된다.

수컷의 이러한 몸 부풀리기는 성적 선택sexuelle Selektion의 한 기술로서 수컷이 다른 수컷과의 경쟁에서 이겨 암컷에게 자신의 유전자를 성공적으로 대물림하기 위해 발달시킨 방법이다. 꼬리털을 화려하게 펼쳐 보이는 공작의 몸 부풀리기는 자신의 유전적 우월성을 과시하기 위한 수단이다. 그렇다면 공작이 표현하고자 하는 것은 정확하게 무엇일까?

나는 이렇게 빼어나고 화려한 모습을 보여줄 수 있는 능력이 있다고. 내가 워낙 강하고 건강한데다 힘이 넘치니까 이런 쓸모없고 무거운 차림새도 능히 감당할 수 있는 것 아니겠어? 나처럼 뛰어난 체력을 지니지 못한 공작새는 이런 화려한 차림새를 보여줄 수가 없거든. 체력이 강하지 못한 녀석들은 비록 화려하게 보일지 몰라도 적이 나타나면 무겁게 치장한 깃털에 못 이겨 적에게 잡혀 먹고 말 거야.

흑고니는 화려한 깃털은 없지만 특이한 자세(날개를 들어 올리거나 머리를 뒤로 젖히는)를 이용해 배우자를 유혹하는 동물이다. '교미 전이나 교미 기간 그리고 이후까지 성적으로 성숙한 흑고니 수컷은 동류에게 자신을 과시하기 위해 총력을 기울인다.' 동물의 세계에는 이와 같은 예가 수없이 많다.

그렇다면 동물이 몸 부풀리기의 능력을 얻는 대신 치러야 하는 대가는 무엇일까? 사실 수컷 공작은 그다지 유연하거나 민첩하지 못한 동물이며 긴 꼬리털은 거동에 방해만 될 뿐이다. 꼬리가 짧은 공작이 움직이는데 훨씬 유리하겠지만 문제는 짧은 꼬리가 있는 공작이 짝짓기를 할 배우자를 구할 가능성은 거의 없다는 점이다.

짝짓기에 성공하는 것은 동물의 세계에서 더할 나위 없이 중요하다. 이것을 위해 수컷은 크고 작은 이익을 희생해야 한다. '수컷 사이에서 다른 수컷과 싸워 암컷을 더 많이 차지하려고 화려하게 치장하는 경쟁이 치열하게 벌어지는 것이 관찰되었다.' 하지만 더 길어진 수컷 공작의 꼬리 깃털이 몸을 아래쪽으로 짓누르고 깃털의 무게 때문에 날개를 펼칠 수도 없다면 그 모습으로도 여전히 '공작 아내'를 감동시키는 일이 가능할지 의문이다. 진화의 과정에서 한 방향으로 '지나치게' 흘러가다 보면 그 종족 전체에 치명적인 결과가 나타날 수도 있다.

진화란 직선으로 한 발자국씩 곧장 나아가는 것이 아니며 또한 생물체가 언제나 더 나은 조건으로 자연에 적응해가는 것도 아니다. 오늘 장점이 되는 요소가 내일 단점으로 작용할 수도 있다. 진화는 지그재그 방식으로 진행된다.

진화는 만병통치약이 아니며 특정 생물체를 위한 환경과 시기가 맞아 떨어질 때만 모든 것이 지속된다. 하지만 어떤 생물이든지 시간이 지나면 운이 다하기 마련이다. 수컷 공작과 그의 멋진 모습을 항상 '기대하는' 공작의 암컷 배우자는 더 이상 화려한 모습을 뽐낼 힘이 남아 있지 않을 때까지 몸 부풀리기를 계속할 수도 있다. 이와 같은 본보기는 진화가 지적 설계에 속한다는 이론에 대한 훌륭한 반증이 될 수 있다. 물론 동물에게 여러 이점을 가져다준 특징이 자연선택에 의해 뒷받침되었음은 분명하다.

그러나 불행하게도 진화에는 필요할 때 멈출 수 있는 '브레이크'가 없다. 어떤 동물에게 이로운 것으로 드러난 요소가 영원히 그들에게 '이로운 것'이 아님에도 불구하고 그대로 지속된다. 바로 이 이유 때문에 수많은 종이 멸종했다.

좋은 예가 바로 검치호랑이이다. 오늘날의 사자와 크기가 비슷했던 스밀로돈Smilodon 종의 검치호랑이는 아래턱을 90°로 벌릴 수 있는 턱뼈가 있었다. 이 때문에 칼처럼 날카로운 송곳니로 쉽게 먹이를 죽일 수 있었다. 이런 확실한 장점 때문에 검치호랑이는 마스토돈Mastodon(신생대 제3기의 코끼리 - 옮긴이)과 같은 거대한 동물조차 사냥할 수 있었다.

하지만 빙하기 말기에 마스토돈을 비롯한 여러 종의 거대한 포유류가 멸종하자 검치호랑이의 커다란 턱과 칼날 같은 송곳니는 무용지물이 되었을 뿐만 아니라 오히려 살아가는데 방해만 되었다. 좀 더 작고 재빠른 동물을 잡는데는 특이한 턱 구조와 힘센 송곳니가 더 이상 도움이 되지 못했던 것이다.

이제 다시 짝짓기 상대를 찾는데 주로 사용되었던 몸 부풀리기와 과시라는 주제로 돌아가 보자. 멋진 털이나 깃털을 갖추지 못한 동물은 자신이 적자임을 알려 암컷을 유혹하기 위해 나름의 특별한 기술을 선보인다.

오스트레일리아와 파푸아뉴기니Papua New Guinea에 살고 있는 바우어새Laubenvöge(영명 : bowerbird)는 암컷 새의 주의를 끌기 위해 나뭇가지와 풀 따위를 엮어 매우 예술적인 모양의 정자Laube를 짓는다. 동물이 신체의 장점(단점)과 이들이 만드는 집의 상관관계를 살펴보면 무척 흥미롭다. 몸의 장식이 수수한 수컷일수록 눈에 뜨이는 집이 필요하고 멋진 깃털을 가진 수컷에게는 그저 평범한 집으로도 충분하다. 어쨌든 이것으로 우리는 동물이 자신의 신체뿐만 아니라 '스스로 만든' 물건으로도 암컷을 유혹한다는 것을 알 수 있다. 이것조차 할 수 없는 동물은 자기가 직접 만든 것이 아닌, 남의 깃털이나 자연에 널린 물건을 주워와 자신을 꾸미는데 이용하기도 하는데 여기서 우리 인간에 대해서도 한 번 생각해보자.

인간은 자기가 가진 것을 드러내기를 좋아한다. 겸손함의 미덕이 종종 설교 속에 등장함에도 설득력이 떨어질 때가 많다. 인간은 자신의 '실현 가능성'을 보여주기 위해 필요하지도 않는 물건을 과시하는 일종의 몸 부풀리기를 한다. 값비싼 시계가 한 예가 될 수 있다.

사람들은 값비싼 물건을 자체의 놀라운 성능 때문에 차지하는 것이 아니다. 이런 물건의 기능은 보통의 것과 별로 다를 바 없지만 가격은 훨씬 비싸다. 값비싼 정밀시계는 주유소에 걸려 있는 시계와 똑같은 시간을 나타낸다. 하지만 비싼 시계는 시계의 주인이 그 시계 값의 1,000분의 1밖에 안 되는 평범한 슈퍼마켓의 시계를 사는 사람이 아님을 보여준다. 비싼 값을 치르면 물건은 반드시 그 값을 하게 되어 있다. 단순한 물건이 아니라 그 이상의 수준에 든다는 결실을 가져다주는 것이다.

물론 우리는 조심해야 한다. 공작의 꼬리털이 거대해지면서 머지않아 멸종의 위기에 이를 수도 있듯이 값비싼 시계의 주인도 자신이 통제하기 어려운, 완전히 바뀐 환경에 놓이게 되면 자신의 신분을 상징해주던 그 시계도 아무런 소용이 없을 수 있다.

제2차 세계대전 직후 식량이 절대적으로 부족했던 독일과 오스트리아에서 어떤 이들은 그동안 소중히 간직하고 있던 값비싼 보석이나 모피와 같은 귀중품을 몇 킬로그램의 돼지비계나 빵과 바꿔야 했다.

그제야 이들은 자신에게 가장 중요한 것이 생명이라는 사실을 깨달았다. 하지만 이들에 대한 도덕적 평가는 나의 몫이 아니므로 계속해서 주제와 관련된 이야기를 이어가겠다.

여기서 다루고 있는 주제는 생물체는 자신이 처한 특정한 환경에 맞추어 살아남기 쉬운 전략을 택한다는 점이다. 물론 자연선택설에 따라 자연은 어떤 방식으로든지 다른 동물보다 우위에 선 동물에게 우호적이다. 하지만 아무것도 가진 것이 없는 존재는 오히려 동정을 얻을 수 있고 이 때문에 관심을 끌 수도 있다. 물론 바우어새나 공작, 고슴도치나 산미치광이에게 해당하는 것은 아니겠지만 적어도 인간의 경우는 금욕적인 삶의 방식으로 살아가는 사람이나 소유를 포기한 사람들은 이 사실이 다른 사람에게 알려지고 이들이 지닌 다른 장점이 외부에 드러날 경우 관심을 받기 마련이다.

철학자 루트비히 비트겐슈타인Ludwig Wittgenstein, 1889~1951은 제1차 세계대전이 끝나고 빈으로 돌아올 무렵 유럽에서 돈이 아주 많은 갑부에 들었다. 하지만 비트겐슈타인은 전 재산을 형제들에게 나누어주고 자신은 오스트리아 로어 주의 한 마을에 허름한 숙소를 얻어 이 지역 초등학교에서 학생들을 가르쳤다. 물론 그가 굶어 죽도록 주위 사람들이 방치하지는 않았겠지만 얼마 지나지 않아 비트겐슈타인은 자신의 독특한 철학으로 (유감스럽게도 상당히 모호한 철학이라고 하지 않을 수 없다) 전 세계적인 관심을 끌었다. 일생동안 저서를 거의 내지 않았음에도 비트겐슈타인은 철학자로서 성공적인 삶을 살았다. 하지만 사람들이 자신과의 철학적 만남이 그 사람의 내면에 일어나는 도덕적 변화의 계기가 되어야 한다고 공언한 것에서도 알 수 있듯이 비트겐슈타인은 겸손한 모습을 보이지 않았다.

상상해보라. 자신과 (철학적으로) 만난 사람들에게 도덕적 변화와 세상을 내하는 기본적 태도의 변화를 요구하다니 이 얼마나 오만한가! 하지만 그의 철학세계에 대한 엄청난 반응을 고려해보면 비트겐슈타인이 뛰어난 성공을 거둔 사람임을 인정하지 않을 수 없다.

이렇게 정리할 수 있을 것 같다. 자신에게 주어진 온갖 부귀영화를 멀리하고 금욕적인 삶을 살면서 주위를 감동시킬 수 있는 멋진 철학 몇 가지를 구상해내는 것이다. 나는 비트겐슈타인이 어떤 면에서는 강좌나 세미나에서 공작과 같은 행동을 하지 않았나 생각한다(나는 비트겐슈타인 자신은 스스로 취한 행동의 효과에 대해 잘 알고 있었을 것으로 확신한다). 특히 인간에게 있어 과시의 방식은 여러 가지이며 자신이 과시하고 있음을 깨닫지 못할 때도 많다. 내 말에 오해 없기를 바란다.

나는 비트겐슈타인을 폄하하려는 것이 아니며 (그럴 만한 자격도 없다) 그의 철학체계를 조롱하려는 것도 아니다. 이 경우에서 살펴볼 때 인간에게 있어 겸손과 금욕의 삶이 반드시 주의를 끌지 못하는 것이 아니라는 점이다.

다른 사람이 눈치 채지 못할 만큼 자신을 과시하면서 또 감동까지 줄 수 있는 사람은 행운아이다. 우리는 대부분 자만하지 않고 겸손할 것을 배우며 자란다. 하지만 이 교훈은 우리에게 다른 것도 가르쳐준다. 사람이 겸손하지 않고 자만하는 행동을 하면 다른 사람의 이목을 집중시킨다. 그렇지만 항상 겸손하게 뒷걸음만 치는 사람도 이목을 끌기는 마찬가지다.

'저 사람은 정말이지 놀랄 만큼 겸손한 사람이야. 그렇지만 저 사람에게도 분명히 뭔가 내세울 만한 것이 있을 거야……'

진짜 겸손한 사람은 다른 사람의 관심을 전혀 끌지 않아야 하므로 결과적으로 사람이 많은 사회 속에서는 살아갈 수 없다. 그러므로 겸손하게 산다는 것은 사회적 동물인 인간에게는 모순된 행동이며 가능하지도 않다. 따라서 우리는 계속 겸손의 미덕을 후

대에게 가르쳐야 하며 겸손한 사람은 이 때문에 이득을 얻을 수 있다는 것도 덧붙여야 한다.

고슴도치와 토끼, 동화와 현실

《그림동화Grimms Märchen》(독일에서 오랫동안 전해져 온 민간설화를 그림 형제가 편집한 민담집 – 옮긴이)에 나오는 고슴도치와 토끼의 달리기 경주를 모르는 사람은 독일어권에서는 거의 없다. 혹시라도 잊어버린 사람을 위해 다시 한 번 전체 이야기를 정리해본다.

하루는 토끼가 고슴도치의 구부정하고 짧은 다리를 놀렸다. 이 때문에 고슴도치와 토끼는 금화 한 닢과 브랜디brandy(과실주를 증류하여 만든 술을 통틀어 이르는 말 – 옮긴이) 한 병을 놓고 이기는 사람이 갖는 달리기 경주를 하기로 했다.[4] 달리기에 앞서 아침을 먹는 척하며 고슴도치는 집으로 가 자신의 아내 고슴도치를 데려다 경주가 끝나는 지점에 세워두었다. 그러고는 경주가 시작되었다. 고슴도치는 달린 지 얼마 되지 않아 쭈그리고 앉더니 그 자리에 가만히 있었다. 토끼는 쉬지 않고 달려 마지막 경주 선에 도착했

---

[4] 현대의 어린이들을 위한 동화에는 고슴도치와 토끼가 1유로와 음료수 한 병을 걸고 달리기 경주를 하는 것으로 각색되었다. 어쨌든 우리 시대의 동물은 그림형제 시대의 동물보다는 더 건강하게 사는 것 같다.

다. 토끼는 틀림없이 자신이 경주에서 이겼을 것으로 생각했다. 하지만 결승선에서 기다리고 있던 고슴도치의 아내가 이렇게 말하는 것이 아닌가.

'내가 먼저 도착했다네!'(남편이 시킨 대로).

토끼는 놀랐지만 먼저 도착한 고슴도치가 경기를 시작한 고슴도치와 다른 고슴도치라는 것을 분간 수 없었다. 패배를 인정할 수 없었던 토끼는 다시 한 번 경주를 하자고 조르고 나서 반대편을 향해 달리기 시작했다. 하지만 경주의 마지막 선에 도착하자 또다시 기다리고 있던 고슴도치가 말했다.

'내가 먼저 도착했다네!'

이야기 속에서 토끼는 73번이나 경주를 거듭하다가 결국 지쳐서 죽고 말았다고 한다. 고슴도치는 금화와 브랜디를 들고 행복하게 아내와 함께 집으로 돌아갔다.

그렇다면 이 이야기의 교훈은 무엇일까? 다리가 짧은 남자를 놀리지 말 것과 사회적으로 계급이 같은 여자와 결혼할 것 정도가 아닐까(고슴도치의 경우는 같은 유전자를 지닌 여자와 결혼할 것)…….하지만 이는 동화에 나오는 이야기이며 교훈일 뿐이다.

현실에서는 고슴도치가 토끼와 경주를 벌일 수 없음은 두말할 필요가 없다. 둘 다 포유류이기는 하지만 토끼는 토끼목에 속하고 고슴도치는 식충목食蟲目[5]에 속한 동물이다.이들은 생김새가 다를 뿐 아니라 서로 다른 습관을 지니고 있다. 토끼는 수많은 포식동물을 피해 살아남기 위해 긴 뒷다리와 (시속 70km까지 뛸 수 있다) 뛰어난 감각기관에 의지한다. 토끼는 초식동물이며 최대 8년까지 살 수 있다. 이에 비해 고슴도치는 토끼보다 두 배 가까운 수명을 자랑하지만 아주 느리게 움직인다. 이들은 적을 피해 끊임없이 달아나는 것이 아니라 위험이 닥치면 몸을 동그랗게 말아 자신을 보호한다. 먹이는 곤충이나 벌레, 민달팽이나 애벌레가 대부분이다. 하지만 가끔 뒤쥐와 같은 포유류나 개구리를 잡아먹기도 하며 필요하다면 식물도 먹을 수 있다.

토끼는 실제로 일 년 내내 먹이를 찾아야 하는 동물로 눈과 얼음으로 뒤덮인 겨울이 되면 먹이를 찾는 일이 무척 힘들어진다. 이에 비해 고슴도치는 일 년에 3~4개월은 겨울잠을 잔다.

동화에서는 고슴도치가 훨씬 영리해서 거만하고 어리석은 토끼를 물리치지만 현실에서는 고슴도치가 토끼보다 더 영리하다고 보기 어렵다. 단지 살아남기 위한 자신의 전략을 택할 뿐 다른 동물보다 영리한 것은 아니다.

물론 고슴도치가 가끔 독사와 맞서 싸우기도 하고 또 이기기도 한다는 사실은 놀랍다. 하지만 브레헴이 간파한대로 이 '가시달린 영웅'은 뱀의 독에 면역성이 있는 것으로 생각되며 새로운 연

---

5 이들은 각각 학명이 Lepus europaeus(산토끼)와 Erinaceus europaeus(고슴도치)에 해당한다. 고슴도치와 토끼는 다양한 종류가 있지만 여기서 자세한 내용은 살피지 않겠다.

구 자료가 이 가설을 더욱 뒷받침해주고 있다. 가장 오래된 포유류의 한 종류인 이 식충 동물은 이미 파충류가 지배하던 1억 3천만 년 전부터 뱀의 독에 면역성을 키워왔으리라 짐작되며 현재까지도 고슴도치와 같은 동물의 유전자에 전해 내려온 것으로 보인다. 그렇다면 고슴도치가 독사와 싸우는 것은 특별한 용기가 필요하지 않다.

우리는 모든 동물이 지닌 각각의 능력을 과소평가해서는 안 된다. 이들 하나하나는 모두 살아남기의 달인이다. 진화에는 만병통치약이란 없으므로 적어도 지구가 존재한 수십억 년 동안 이 법칙이 적용된다.

그러나 고슴도치가 독사나 다른 파충류뿐만 아니라 인간세계의 차량에도 위협을 받는 세상에서는 고슴도치에게는 완전히 다른 생존전략이 요구된다. 하지만 나는 고슴도치가 차량에 대해 가시도, 독에 대한 면역성도 아닌 다른 전략이 필요함을 깨닫기 전에 멸종하지나 않을지 걱정된다. 동화에서는 토끼를 이겼을지 모르나 고슴도치가 운전자를 따돌리기 위해서는 전혀 다른 종류의 전략이 필요하다. 그러므로 우리는 새롭게 쓰인 현대의 동화를 필요로 한다……

그런데 현실의 동물학은 동물이 다른 동물에게 속임수를 쓰는 진정한 '의도'가 무엇인지 오래전부터 밝혀냈다.

자연은 자신의 이익을 위해 다른 동물을 속이는 동물을 선택함으로써 이들을 두둔하지만 다른 동물의 속임수를 특별한 주의력과 관찰력으로 꿰뚫어 보는 동물의 편을 들어주기도 한다. 그렇지 않으면 자연이 너무 심심하지 않겠는가?

　새의 세계에서는 다른 새의 둥지에 자신의 알을 슬쩍 갖다놓는 습성이 있는 뻐꾸기가 성가신 존재이다. 이 때문에 뻐꾸기는 종종 부정적인 이미지를 지닌 새로 묘사된다(예를 들어 '뻐꾸기에게나 줘버려!'와 같은 표현을 보라). 하지만 뻐꾸기를 너무 색안경을 끼고 보지는 말자. 조류학적 관점에서 볼 때 뻐꾸기는 100여 종이 넘는 종류가 있으며 그 중 많은 종류의 뻐꾸기는 스스로 둥지를 틀고 그 안에 알을 낳기도 한다. 하지만 탁란托卵(다른 새의 둥지에 자신의 알을 놓아두는 행위 – 옮긴이)하는 뻐꾸기의 알은 자신이 기생하는 새의 알과 그 모양과 크기가 아주 비슷하다. 잠깐 이야기의 혼선을 피하기 위해 여기서는 뻐꾸기의 습관에 대해서만 언급하기로 하자.

　뻐꾸기 암컷은 탁란을 위해 알맞은 둥지를 유심히 살핀다. 알을 품고 있는 새가 (또는 새 한 쌍이) 둥지를 비우면 뻐꾸기는 재빨리 둥지의 알 하나를 훔쳐 먹은 다음 자신의 알을 그 자리에 놓아둔다. 알에서 깨어난 뻐꾸기 새끼는 곧 나머지 알이나 이미 부화된 '주인' 새의 새끼들을 둥지 밖으로 밀어버리고 혼자 둥지를 차지한다. 그 다음에는 둥지의 주인 새의 새끼로 받아들여질 뿐만 아니라 필요한 보호를 받으며 자란다. 주인 새는 뻐꾸기 새끼가 자기 새끼가 아니라 사실은 자식들을 죽인 범인이라는 것도 모른 채 고이 키운다. 뻐꾸기는 진화의 과정을 거치면서 자신의 알을 기생하려는 새의 알과 동화시키는 속임수를 쓴 것이다. 하지만 다른 새를 희생시켜 자기 새끼를 번식하려는 뻐꾸기의 전략으로 뻐꾸기와 피해를 본 새 사이에 치열한 전쟁이 벌어졌다. 어떤 조류는 자신의 둥지에 기생하는 알을 무조건적이고 확실하게 거부한다. 아마도 진화가 계속되는 동안 탁란하는 새와 싸워야 했던 자신의 조상의 행동 방식을 서서히 흡수하고 발전시킨 결과가 아닐까.

뻐꾸기에게 피해를 당한 새가 자신의 알과 뻐꾸기의 알을 분간해내는 능력이 미래에는 얼마나 더 발전될 것인지 또는 기생적인 삶을 살아가는 뻐꾸기가 어느 시기에 가면 완전히 멸종할지 현재로서는 예측하기 어렵다. 하지만 여기서 알 수 있는 것은 자연에서 벌어지는 비열한 전략에는 모두 대항 전략이 뒤따른다는 것이다. 이것은 인간의 삶이라고 다르지 않다. 컴퓨터 범죄가 기승을 부리자 컴퓨터 업계에서 일하는 사람들이 컴퓨터 범죄를 예방하는 백신 프로그램을 개발하지만 그러면 또다시 해커Hacker(통신망을 통해서 다른 사람의 컴퓨터에 무단 침입하여 데이터와 프로그램을 없애는 사람 – 옮긴이)에게 공격당하여 뚫리는 사례가 빈번하게 일어나고 있다. 누가 최종 승자가 될지 아무도 알 수 없다. 어쩌면 하나의 전략과 이에 따른 대항 전략이 계속 생겨나는 상태에서는 진정한 승자가 있을 수 없다.

만약에 고슴도치가 토끼와의 경주에서 속임수를 써 이기는 것이 가능하고 또 속임수가 빈번히 일어난다면 토끼는 생존을 위한 선택의 압박으로 고슴도치의 행동을 유심히 관찰할 것이다. 이 때문에 앞으로 고슴도치를 만나면 조심스럽게 행동할지도 모른다(이렇게 되면 경주 전에 아침밥을 먹으러 가는 고슴도치의 모습에 토끼가 의심을 품지 않겠는가).

물론 진화에서 정의와 같은 것을 기대하는 것은 완전히 잘못된 생각이다. 모든 존재는 가능한 한 길게 살고 유전자를 대물림하는 것, 오로지 이 하나만 '원하기' 때문이다. 그러므로 동물이 자신의 경쟁자가 이득을 취하는 것을 받아들이지 못하는 것은 당연하다.

경쟁자가 이기는 것을 받아들이기 힘든 것은 인간도 마찬가지다. 선거가 끝난 후 동시에 텔레비전 프로그램에 모습을 드러낸 양쪽의 정치가를 보면 선거에서 진 사람은 상대 당의 후보가 승리했음을 인정해야 하고 예법에 따라 악수를 해야 할 때가 오면 씁쓸한 표정을 감추지 못한다.

전략적 속임수

벌레를 잡아먹는 동물과 토끼, 뻐꾸기와 공작 따위의 학습 능력은 유인원과 비교해볼 때 상당히 제한적인데 유인원은 인간이 속한 종이기도 하다. 흉내 내기를 하는 동물이 자신이 무엇을 하는지 자각하지 못한 상태에서 행동한다는 점에서 위에서 묘사한 의태는 상대적으로 성공의 정도가 낮다고 볼 수 있다. 인류의 먼 혈족이라고 할 수 있는 침팬지는 유인원의 일반적인 지적 능력에 빛을 던져주는 전략적인 속임수를 구사한다. 이는 가히 동물세계 속임수의 최고봉이라고 할 만하다.

네덜란드 안하임Arnheim 동물원의 침팬지 우리 안에서 조련사가 가끔 땅을 파 모래 속에 과일을 묻어두고는 작은 과일껍질을 바깥에 남겨둔다. 다시 말해 침팬지들은 조련사가 과일이 가득 담긴 바구니를 들고 왔다가 빈손으로 나가는 것을 본 것이다. 침팬지들은 우리 안의 숙소에서 풀려나자마자 과일을 미친 듯이 찾아 헤맨다. 몇몇 침팬지는 별미가 묻혀 있는 땅의 근처를 어슬렁거리지만 아무도 눈치를 채지 못한 것처럼 보였다. 그 중 침팬지 수컷 하나가 과일이 묻혀 있는 곳을 찾아낸 것처럼 보였지만 다른 침팬지 누구에게도 알리지 않았다.

오후에 침팬지들이 햇살 아래에서 모두 졸고 있는 동안 갑자기 그 침팬지가 벌떡 일어나 과일이 묻힌 곳으로 곧장 달려가더니 과일을 꺼내 혼자서 다 먹어치웠다. 이런 식으로 침팬지는 과일을 독차지하면서 동료를 영리하게 속여 넘긴 것이다. 음식을 두고 경쟁자들과 다투는 것보다 몰래 '약탈물'을 먹어치우는 것이 침팬지로서는 훨씬 쉽고 힘이 덜 드는 일이다. 그러므로 진화의 과정에서 동물은 대항 전략이라고도 할 수 있는 특별한 주의력을 발달시켰다.

인간도 자신을 지키고 도둑이나 약탈자에게서 스스로 보호하기 위해 매우 주의 깊게 살피는 습관을 지니고 있다. 도둑은 잡힐 경우 처벌을 감수해야 한다. 1970년대와 1980년대 초 안하임 동물원에서 침팬지의 행동을 연구했던 네덜란드의 유인원 연구가 프란츠 드 발Franz de Waal은 매우 흥미로운 사례가 수록된 자신의 책에 《침팬지 정치학》이라는 제목을 붙였다.

독일어로 소개가 된 발의 다른 책 《우리의 털보 사촌》은 앞의 책보다는 무게가 약간 떨어진다. 그렇다고 해서 책이 실망스러운 내용을 담고 있는 것은 아니다. 책의 초반에 발은 다음과 같이 언급하고 있다.

동물 세계의 어릿광대가 인간 세계의 정치판에 들어오면 마치 제 집에 온 듯한 느낌이 들 것이다. 마키아벨리의 책에 적힌 내용은 동물의 행동에도 그대로 적용될 수 있다.

이탈리아의 정치가이자 역사가, 철학자였던 마키아벨리Niccolo Machiavelli, 1469~1527는 다음과 같이 역설했다.

사람이 어떻게 사는가와 어떻게 살아야 하는가에는 큰 차이가 있으며 자신이 해야 할 일에만 큰 의미를 두는 사람은 자신을 지키는 사람보다 더 빨리 몰락하게 된다.

다시 말하면 오직 이상적인 삶을 갈망하는 사람은 익숙한 방식대로 단순하게 살아온 사람보다 더 비참한 삶을 살기 쉽다. 그리고 현실적으로 살기 위해 사람에게는 이기적인 면이 상당히 필요하다. 마키아벨리의 사고는 이상적인 인간에 대한 그림이 아니라 인간 행동에 대한 현실적인 평가를 보여주며 이것은 특히 정치에 대한 그의 관점에서 확실히 알 수 있다. 마키아벨리가 쓴 《군주론》은 힘을 보존하는 기술에 관한 것이 전부이다.

우리는 여기서 (저술 작업에 전혀 통일성과 일관성이 없었던) 마키아벨리라는 인물이 도덕성이라고는 찾아볼 수 없는 정치인의 대변인인 것처럼 얼마나 오해되어 왔는가에 대해 토론하려는 것이 아니다. 적어도 마키아벨리즘이라는 표현이 도덕적으로 문제가 있는 수단으로라도 목적을 이루려는 무분별한 정치를 나타내고 있음은 사실이다. '국가이성Staatsräson, reason of state(자기 목적적 존재인 국가가 국가를 유지·강화하기 위하여 지켜야 할 법칙이나 행동기준 – 옮긴이)'이란 용어가 궤변처럼 들리지는 않지만 사실 이 말의 진정한 의미는 국가 지도자가 필요하다면 법이나 도덕도 제쳐둬야 한다고 요구하는 것에 다름 아니다. 우리는 이 주제와 관련한 문제에 대해 6장에서 다시 한 번 이야기하겠다.

마키아벨리즘을 이용하든 그렇지 않든 어느 시대에나 정치가는 자신의 정적에 맞서 어떻게 속임수를 써야 할지 잘 알고 있었다. 어떤 정치가는 상대보다 더 영리했는데 지금도 그렇다. 우리 시대 정치가들의 행적을 살펴보면 유인원 연구가들이 흥미롭게 연구할 만한 대상이 풍부함을 알 수 있다. 인간사회에서 정치 분야에서만 마키아벨리즘을 발견할 수 있는 것은 아니다. 다른 유인원 특히 침팬지도 정치적인 행위를 한다. 이들도 패를 지어 제휴하고 힘겨루기 게임을 하며 자신의 권력을 지키기 위해 애쓰며 속이고 기만할 뿐만 아니라 동시에 유화책을 펴기도 한다. 하지만 유인원에 속하는 동물 가운데 몇몇 종은 전략적 속임수의 대가라 할 만한데 이를테면 숨기, 관심 돌리기, 유인하기까지 온갖 종류의 속임수를 구사한다. 마키아벨리도 인간을 제외한 유인원 연구를 위해 새로운 동물학, 생물학 연구에 참여할 수만 있다면 무척 흐뭇했을 것이다.

마키아벨리는 정적을 속이는 정치가(그 시대에는 왕자나 황제, 여왕)의 계략이 어느 날 느닷없이 나타난 것이 아니라 진화의 긴 시간을 거쳐 축적되어 온 것이며 이에 따라 중추신경과 사회적 지능을 갖춘 모든 존재에게 선천적으로 대물림된 하나의 기술이라는 것을 미처 몰랐을 것이다. 이런 선천적 기술에는 다른 사람에 대한 감정이입이나 자비심을 느끼게 하는 것도 포함된다. 감정이

입과 자비심의 반대쪽에는 조작과 속임수라는 기술이 있다. 사람들은 상대방의 진정한 의도를 알아낸 다음 거꾸로 상대방을 제압하기 위해 조작과 속임수라는 방법을 사용한다. 경험이 많은 '사회적 기술자'는 모든 사람이 좋은 의도로만 자신에게 접근한다는 것을 믿을 만큼 어리석지 않다. 그래서 아무것도 빚진 것이 없는 사람이 특별히 호의적이고 예의바르게 자신을 대한다면 그 사람에 대해 일단 의심을 품게 될 것이다. 하지만 마키아벨리적인 영리함은 인간 세계보다 동물의 세계에 더 깊은 뿌리를 두고 있는 것 같다.

개를 길러본 사람이면 이 네 발 달린 동물이 속임수를 잘 쓴다는 사실을 알고 있을 것이다. 이것은 인간이 늑대를 길들여 개로 만든 것이 한 방향으로만 진행된 진화의 형태가 아니라 공진화共進化의 방식임을 이해한다면 별로 놀라운 일이 아니다. 과장을 약간 덧붙여 이렇게 말할 수도 있겠다.

인간만이 늑대를 길들인 것이 아니라 집에서 기르는 개가 된 늑대도 어떤 면에서 사람을 길들였으며 '인간이 원숭이에서 진화하는데 일조'를 했다고.

개는 사람만 아니라 같은 개들에게도 필요한 전략을 상당히 잘 구사하는 동물이다. 고양이도 마찬가지이다. 우리 집 고양이가 나나 내 아내에게 특별히 친근하게 굴 때는 종종 고양이의 밥그릇이 비어 있을 때이다. 다시 말해 고양이는 음식이 필요하다는 것을 '호소하는' 방식으로 표현한다. 물론 항상 그런 것은 아니다. 고양이가 얼마나 배가 고픈가에 따라 표현 방식은 달라질 수 있다. 공격적인 표현은 고양이가 목적을 이루는데 큰 도움이 되지 않는다. 아마도 고양이는 먹이란 원할 때마다 당연히 주어지는 것이 아님을 알고 있는지도 모른다. 적어도 이들은 마키아벨리적인 영리함을 충분히 갖추고 있는 동물이다. 까마귀도 소머가 다음의 관찰을 통해 알아차린 것처럼 상당히 마키아벨리적인 동물이다.

두 마리의 까마귀가 사는 둥지에 누군가 눈앞에 먹이를 갖다 두면 주저 없이 까마귀들은 먹이를 향해 날아간다. 물론 먼저 도착한 까마귀가 먹이를 차지하기 마련이다. 하지만 음식을 몰래 가져와서 한 마리의 까마귀에게만 보여주면 먹이가 어디 있는지를 '아는' 까마귀는 자신의 배우자를 따돌리고 혼자 먹이를 차지한다. 물론 침팬지의 지적 능력이 더 뛰어나기는 하지만 이것은 앞서 말한 침팬지의 속임수와 매우 흡사하다.

마키아벨리즘, 즉 전략적 속임수를 쓰는 이유는 분명하다. '사실의 폭로'는 종종 우리를 허약하게 만들며 목적 달성을 어렵게 만든다(그러므로 정치가가 자신의 수입을 공개하지 않으려 드는 이유를 우리가 전혀 궁금해 할 필요가 없다).

그러므로 힘을 덜 들이고 더 쉽게 목적을 이루기 위해 다른 생명체를 속이는 것이 자기에게 이익을 주는 것이다. 다시 한 번 기억하자. 자연의 세계에서 가장 중요한 것은 자신의 (유전적) 생존이며 그 목적이 어떻게 달성되는지는 중요하지 않다. 현재까지도 오직 '강한 자'만 살아남는다는 지배적인 견해가 사실이라면 자연은 지금 보이는 모습과 완전히 다를 것이다.

'적합성'이 어떤 경우에 유용하기는 하지만 그렇다고 육체적인 힘을 의미하는 것은 아니며 이익을 가져다주는 여러 가지 전략에 따라 의미가 달라질 수 있다. 전략적 속임수란 이러한 전략 가운데 하나인데 복잡하고 효율적인 신경조직을 가진 동물들만 사용할 수 있는 것이다.

그러나 우리는 기본적이고 방법적인 문제에 대해 잘 생각해보아야 한다. 특정한 방식으로 행동하는 동물이 속임수를 쓰는지 아닌지 우리가 어떻게 알 수 있는가? 인간이 다른 생물체의 행동을 의인화해서 해석하고는 우리가 기대하고 알고 싶어 했던 사실만 결과로서 받아들이고 있는 것은 아닌가?

콘라드 로렌츠Konrad Lorenz, 1903~1989는 이것을 '동류의식(Du-evidenz : you evidence(영). 사고와 행동에서 타인과 자아가 본질적인 유사성을 가지고 있다고 보는 심리학 용어 – 옮긴이)'이라고 부른 것이다. 하등생물계로 내려갈수록 우리는 유사성에 근거한 판단을 내리기가 힘들어지며 이에 속한 동물에 대해서는 '동류의식'조차 들지 않는다. 하찮은 조개를 죽이면서 우리는 어떠한 죄의식도 느끼지 못한다.' 하지만 이 원칙을 거꾸로 생각해보자. 계통학적으로 인간과 가까운 동물일수록 우리는 이들을 잘 이해하고 이들이 보낸 신호를 잘 풀이할 수 있다. 모든 생물의 선천적인 본능인 '생존 의지'를 제외하고 하찮은 조개가 무엇을 원하는지 인간은 알지 못한다. 하지만 고양이가 나를 찾은 다음 자기의 빈 그릇으로 달려가는 동작을 보이면 나는 고양이가 자신의 불쌍한 밥그릇 처지를 내게 알려 먹이를 얻고자 함임을 곧바로 알 수 있다.

물론 내가 다양한 표현 방식을 지닌 매우 복잡한 생물체인 고양이를 진정으로 이해한다고 주장할 수는 없다. 다만 고양이와 가까이 살고 비슷한 상황에서 반복되는 고양이의 행동을 관찰한 결과 나는 고양이의 삶에 대해 비교적 올바른 결론을 내릴 수 있었다. 부연하지만 인간이 다른 종의 동물을 대하는 태도는 사회 문화적 요인과 밀접히 관련되어 있다. 어떤 사회에서는 고양이와 개를 먹기도 하며 인간과 가장 가까운 동물인 침팬지와 고릴라를 잡아먹는 곳도 있다(식인풍습의 경계는 그리 뚜렷하지 않다).

전체적으로 전략적 속임수는 여러 동물의 행동 양식에 따라 다르며 이들의 삶과 생존을 위해 필요함을 말하고 싶다. 이러한 전략적 속임수는 이익을 가져온다. 특히 엄청난 노력과 에너지 그리고 위험한 시도가 동반되지만 항상 바라는 만큼의 효과가 따르지는 않는 '위험한 행동'보다 대체로 훨씬 많은 이익이 있다. 동화에 나오는 토끼와 경쟁하는 고슴도치의 이야기는 이에 관한 가장 적절한 예라고 할 수 있다. 하지만 현실에서 고슴도치처럼 이득을 취하는 것은 대부분 불가능하다. 예를 들어 놀랄 만큼 잠을 즐기는 사자는 먹이가 저절로 입 안으로 들어와 주기를 바랄 것이다. 그러면 영양이나 가젤, 얼룩말을 사냥해야 하는 번거로움이 없이 계속 단잠을 즐길 수 있을 테니까. 그렇지만 사자의 먹잇감이 틀림없다고 생각되는 이들 동물은 마지막 순간에 잽싸게 도망치고 만다.

인간이 젖과 꿀이 흐르고 울타리 안에서 소시지가 자라며 잠들어 있는 사람의 입속으로 구운 비둘기구이가 뛰어드는 '황금시대'나 '축복받은 섬' 또는 '이상향'이라고 불리는 낙원을 머릿속에서 발명한 것도 이해가 가는 일이다. 문제는 이 '낙원'이라는 것이 그저 인간의 언어 속에서나 존재할 뿐이라는 것이다.

현실세계에서 젖과 꿀 그리고 소시지와 비둘기구이를 원한다면 무엇인가 해야만 한다. 5천여 종에 이르며 가장 큰 것은 지름이 2m까지 자라는 고착형 해양 생물인 해면동물을 예로 들어 보자. 해면동물은 움직임이 거의 없다. 겉보기에 아무것도 할 수 없도록 만들어진 생물체이기 때문이다. 해면동물의 표면에는 작은 구멍이 많이 나 있어서 몸속으로 물이 들어갈 수 있는데 정확하게 말해서 체내의 편모가 물을 빨아들인다. 이런 운동으로 해면동물의 먹이라 할 수 있는, 물속에 살고 있는 박테리아나 아주 작은 게 종류를 포함한 플랑크톤이 몸속으로 빨려 들어간다. 플랑크톤은 대부분 몸 밖으로 다시 빠져나오지만 일부는 해면동물의 몸속에 갇혀 먹이가 된다. 아주 쉬운 방법으로 살아가는 동물이 아닌가.

그런데 해면동물이 되고 싶은 동물은 몇이나 될까……

04 Chapter

겁쟁이들의
생존에
대하여

우리가 살아 있는 시간은 바로 권력을 손에 쥐고 있는
시간이다. 죽은 이를 보면서 느끼는 두려움은 자신이
죽지 않았다는 안도감으로 곧 바뀐다.
죽은 자는 누워 있지만 살아남은 자는 서 있다.
— 엘리아스 카네티(Elias Canetti)

문학작품 속에는 온갖 영웅으로 가득하다. 이를테면 '독일 영웅의 서사시'와 같은 작품은 있지만 나는 독일뿐 아니라 세상 어디에도 '겁쟁이를 위한 서사시'가 있다는 이야기를 들은 적이 없다. 독일 작가 칼 마이Karl May, 1842~1912는 자신의 작품에 등장하는 영웅들 빈네투Winnetou, 올드 샤터한트Old shatterhand 그리고 카라 벤 넴지Kara Ben Nemsi에게 불멸의 캐릭터를 부여했다. 하지만 칼 마이의 모험소설에 나오는 악당들은 용감한 인물로 묘사되지 않았으며 그의 책을 읽은 독자들은 (요즘 사람조차도) 이 악당들을 영웅과 정반대의 성격을 가지고 있으며 싸움을 하다말고 비겁하게 도망치는 겁쟁이로 기억한다. 물론 칼 마이의 책에서는 오랫동안 인간이 축적해온 정의에 대한 열망이 크게 작용하는 것을 알 수 있다. 현생에서 정당한 대우를 받지 못한 사람은 죽어서 그에 대한 보상을 받는다. 적어도 수많은 종교에서 이와 같이 가르치고 있다. 그런데 우리의 건강한 상식으로는 살면서 부당한 처우를 받은 사람은 살아 있는 동안 합당한 보상을 받아야 마땅하다. 그렇지만 종교나 이념이 꼭 상식에 근거하는 것만은 아니다.

그런데 자연에는 정의라는 것이 없다. 자연은 잔인함도 자비도 모른다. 다시 한 번 말하지만 생존만이 중요한 자연 세계에는 허용되지 못할 행동은 없으며, 인간이 아무리 잔인한 행동으로 규정하더라도 자연에서는 아무런 상관이 없다. 몇 년 전 빈의 쉔브룬Schönbrunn 동물원에서 재규어 2마리가 23세의 조련사를 물어 죽인 일이 있었는데 예상대로 수많은 사람의 분노와 탄식을 불렀다. '저 살인마들은 어쩌면 저리도 잔인할 수 있는가?'

그러나 재규어는 살인마가 아니라 살아남기 위해 그렇게 하도록 생겨난 것뿐이다. 누군가 자신의 영역을 침입하면 재규어는 자신의 행동반경 안에서 필요한 반응을 보인다. 재규어는 옳고 그름을 분별하지 못하는 동물이므로 그 젊은 처녀가 재규어를 위해 우리 안에 들어왔음을 알지 못한 것이다. 최근 샌프란시스코의 한 동물원을 탈출하여 사람을 한 명 죽이고 두 명에게 중상을 입힌 호랑이를 두고 부도덕하다고 정의내릴 수 없기는 같은 이치로 마찬가지다.

재규어나 호랑이(또는 북극곰이나 늑대, 상어 등등)가 다른 생명을 죽이면서 쾌감을 느낀다고는 말할 수 없으며 이는 인간을 공격할 때도 매한가지다. 이들이 살생하는 것은 배가 부를 때까지 먹기 위해서 또는 자신의 종족을 보존하고 영역을 보호하기 위해서이며, 가끔 두려움 때문에 공격하는 경우도 있다. 하지만 인간은 상대를 죽임으로써 환희에 찬 감정을 느낄 수도 있다. 카네티 E. Canetti는 다음과 같이 기술했다. '죽임을 당한 상대를 눈앞에 보며 살아남은 사람은 다른 어떤 종류의 권력과도 비교할 수 없는 절대적 권능이 자신의 내면에 가득 차오르는 것을 느낀다. 의심할 여지없이 커다란 진실이 내포되어 있는 (사실 우리는 이 진실 앞에서 전율을 느껴야 한다) 카네티의 글을 다시 정리해보자.

살아남은 자는 생존했다는 사실 때문에 그리고 자신을 위협하던 위험에서 빠져 나왔기 때문에 권능이 넘침을 느낀다. 이와 같은 감정은 적어도 '죽임을 당한 자와 마주쳤을 때의' 안도감과 비슷하지 않을까? 겁쟁이도 물론 동족을 죽이는 경우가 있지만 이것은 대개 자신을 방어하기 위해서이다. 내가 여기서 말하는 (인간) 겁쟁이는 다른 동족을 죽이는 것에 쾌감을 느끼지 않으며 자신이 살아남았다는 사실과 자신이 사랑하는 사람들이 최대한 오래 살아남은 것에 대해 행복을 느낄 뿐이다.

이 장에서 우리는 지금까지 널리 알려지고 검증이 끝난 행동전략을 살펴보고자 한다. 하지만 이런 행동전략은 특별한 용기가 필요 없으며 오히려 비겁함에 더 가깝고 인간을 비롯한 유기체가 살아남는데 도움을 주는 전략이다.

위험을 직시해서는 안 돼!

영웅 또는 영웅이 되기를 원하는 사람은 위험을 직시하는 방식을 따르기 마련이다. 이들은 용감하게 위험과 마주치며 말 그대로 황소의 뿔을 뽑으려든다. 이러한 행동은 종종 황소뿐 아니라 영웅 자신의 실패와 죽음을 부르기도 한다. 여기서 나는 잔인할 뿐만 아니라 전혀 불필요한 인간의 유희로 진작 폐지되어야 마땅할 투우에 대해 계속 이야기하지는 않겠다.[6]

위험을 직시하고 이에 맞서 싸워야 한다는 것은 많은 사람에게 호소력을 지닌 구호이기는 하지만 한편으로 상당히 모호한 가르침이기도 하다. 물론 어떤 동물이든지 잠재적인 적과 코앞에서 마주치면 아주 신중하게 상대방의 동작과 태도를 살펴야 한다. 하지만 행동학의 기준으로 볼 때 우리는 적일지도 모르는 상대

---

6 투우는 인간이 다른 동물과 싸우는 여러 방식 가운데 하나에 불과하다. 싸움 중에는 그 잔인함이 이루 말할 수 없는 것도 많다. 노예를 사자와 싸우게 한 과거 로마인의 끔찍한 행태를 생각해보라. 지금도 세계 곳곳에서 인간이 벌이는 개싸움이나 투계와 같은 동물끼리의 싸움도 이에 못지않게 변태적이다. 사슬에 묶여 있거나 재갈을 물린 곰에게 개를 풀어 공격하게 하는 소위 곰 사냥은 인간의 변태성이 적나라하게 드러난 한 예이다. 이 외에도 인간이 동물에게 자행하고 있는 여러 가지 잔인하고 사악한 행동의 예는 딘첼바허(Dinzelbacher)의 '인간—동물의 관계'에서 자세히 찾아볼 수 있다.

를 똑바로 쏘아보는 것은 진짜 적대감을 불러올 수 있고 상대의 전투 의욕을 일깨울 수 있음을 알아야 한다. 인간이 속한 거대한 사회에서는 상대방의 눈과 마주보는 것을 피하는 것이 일반적이다. 우리 인간은 대부분 상대적으로 규모가 작고 배타적인 단체 속에서 살고 있으므로 다른 사람에게 겸손한 태도를 보이는 것은 기본적인 행동양식이다. 우리의 일상을 보더라도 기차나 엘리베이터 혹은 호텔 로비에서 모르는 사람과 함께 있을 경우 대부분 상대방의 눈을 피한다. 그렇지 않으면 상대는 불안감을 느끼게 되고 또 쉽게 공격적인 태도로 바뀔 수 있다.

"대체 내게 원하는 게 뭐요? 왜 나를 자꾸 쳐다보는 거요?"

어떤 경우에는 단지 말로 화내는 것에 그치지 않을 수도 있다.

우리는 항상 다음과 같은 기본적인 사실을 마음에 두고 살아야 한다. 인간이 진화한 역사를 보면 최근의 인간에게 주된 적대적 에너지는 다른 인간을 만났을 때 꾸준히 증가하는 경향이 있다. 위의 사실에서 다음과 같은 원리를 끌어낼 수 있다. '주위의 동료를 조심하라.' 하지만 나는 모든 것을 이 말로 일반화하고 싶지는 않다. 각자 경험을 통해 알 수 있듯이 한 번도 만난 적이 없던 사람들도 어떤 경우에는 친절하고 서로 도움이 될 수 있으며 이방인끼리도 상황에 따라 서로 도우며 재빨리 결속할 수 있다(이를 통해 직접적 또는 간접적으로 이익을 얻을 수 있기 때문이다). 다른 한편으로 모든 사람을 무조건 신뢰하거나 주위 사람들에게 둘러싸여 있으니 안전하다고 생각하는 것도 그다지 좋은 태도가 아니다. 특히 대도시에서는 어떤 경우든지 겁쟁이처럼 조심스럽게 행동하는 것이 더 권할 만하다.

이쯤에서 나는 한 가지 다른 문제를 언급하고 싶다. 우리는 종종 위험을 직시하는 실수를 범할 뿐 아니라 무엇보다 위험한 상황을 만들어내는데 능력을 발휘하기도 한다. 심리학에 관해 지식이 있는 독자라면 이것이 곧 자기 충족적 예언selbsterfüllende prophezeiungen, self-fulfilling prophecy(기대와 믿음을 가지면 결국 기대되는 방향으로 행동하고 성취하도록 이끌 수 있다는 것 – 옮긴이)을 가리키는 것임을 눈치챘을 것이다. 정보전달연구가이며 심리치료사이자 철학자인 폴 바츠라빅Paul Watzlawick, 1921~2007은 자신이 쓴 흥미로운 책에서 군데군데 이를 언급했다.

한 국가가 이웃 나라에게 위협당하고 있다고 느끼면 그럴수록 방어체계를 더 강하게 구축하려 하며 그러다보면 그 이웃나라는 자국이 먼저 무장을 강화해야 할 필요성을 더욱 느끼게 된다. 그렇게 되면 오래전부터 예견되던 전쟁의 발발은 시간문제가 되는 것이다.

이와 같은 예는 오늘날에도 볼 수 있으며 최근 세계 정치의 동향을 살펴볼 때 빈번하게 일어날 것으로 보인다.

생각해보라. 이웃한 두 나라의 국가 원수가 모두 겁쟁이이며 어떤 경우에도 전쟁을 원하지 않는다면 어떻겠는가? 이들에게 한 가지 조언한다면 먼저 사람들이 공포심을 느끼지 않도록 해야 한다는 것이다.

개인 차원에서 보더라도 특정한 위험이 다가올 때 직접 맞서기보다는 그냥 피하는 것이 당연히 낫다. 물론 이럴 경우 위험에 맞서 자신을 '무장하는 것'보다 모양새는 좋지 않다. 그래도 어차피 이길 수 없는 경기라면 참가하지 않는 편이 더 유리하다. 세상에는 무의미한 대결이 너무도 많다! 중국에 가서 말 그대로 또는 비유적으로 양측의 머리에서 피가 뚝뚝 떨어지는 싸움도 적지 않게 발생한다! 사람들이 일상생활에서 정말로 다툴 만한 가치가 없는 일 때문에 너무 많은 시간과 에너지를 낭비한다. 이들은 위협에 정면으로 부딪쳐 자신이 다른 사람보다 우월하며 위험한 상황을 자신이 나서 통제할 수 있음을 증명하려고 든다. 때로는 이러한 행동이 좋은 결과를 가져올 수도 있다. 하지만 대부분의 경우 그렇지 않을 것이다. 이웃 간의 다툼은 때로 끝없이 법적인 다툼으로 번지기도 하는데 이런 싸움에서 덕을 보는 쪽은 결국 변호사들뿐이다. 물론 마음만 먹으면 싸울 일은 도처에서 찾을 수 있다. 이와 관련하여 다시 한 번 바츠라빅의 저서를 살펴보자.

한 사람이 벽에 그림을 걸려고 한다. 그런데 못은 있지만 망치가 없다. 이웃집 남자가 망치를 가지고 있음을 알고 있으므로 그는 이웃에게 망치를 빌리기로 한다. 그런데 이때 이런 의심이 들기 시작한다. '이웃집 남자가 망치를 빌려주지 않겠다고 하면 어떡하지? 어제만 해도 나를 보더니 건성으로 인사하고 지나갔잖아. 아마 바빠서 그랬겠지. 하지만 바쁜 척하지만 사실은 나한테 나쁜 감정이 있을지도 몰라. 대체 왜 나에게? 내가 자기에게 무슨 짓을 했다고? 혼자서 무슨 억측이라도 했나? 나한테 누가 연장을 빌리러 오면 난 그 자리에서 내어줄 텐데. 그런데 이 남자는 왜 싫다는 거야? 이 같은 사람이 바로 한 사람의 삶을 망치는 족속들이지. 자기가 망치를 가졌다는 것 하나로 내가 자기한테 꼼짝 못한다고 생각하잖아. 이제 더는 참을 수 없어.'

남자는 이런 생각을 하면서 이웃집의 초인종을 누른다. 현관문이 열리고 이웃집 남자가 '안녕하세요?'라고 인사를 채 하기도 전에 주인공 남자가 소리를 지른다.

"치사한 사람 같으니라고. 당신 망치 따위는 필요 없으니 잘 갖고 계시우."

이 남자가 소심한 겁쟁이라면 이러한 갈등은 일어나지 않을 것으로 추측할 수 있다. 소심한 겁쟁이 역시 자신의 이웃에 대해 온갖 '가정'은 해보았을 것이다. 주위 사람들에 대해 소설을 쓰지 않는 사람이 어디 있겠는가! 하지만 소심한 겁쟁이는 그냥 자신의 집에서 와인이나 홀짝거리면서 '이웃집 남자가 나에게 무슨 상관이겠는가'라고 생각하며 망치에 대한 것은 잊어버릴 것이다(여기서 더 자세히 묘사할 필요는 없을 것 같다)······.

우리가 사는 세계는 다른 모든 생물체에게도 그렇지만 인간에게도 위험한 곳이다. 이것은 의문의 여지가 없다. 하지만 우리는 존재하지도 않는 위험까지 미리 대비할 필요는 없다. 특히 위험을 직시하고 위험에 맞서는 것은 그 위험 상황을 통제하고 극복할 수 있는 확률이 클 때만 의미가 있다. 그렇지 않은 경우 위험 상황에 머물지 말고 서둘러 피해 몸을 숨기는 편이 훨씬 낫다. 하지만 위험 상황이 직접 찾아와 더 이상 피할 수 없게 되더라도 무사히 빠져나올 수 있는 방법이 있다. 그것은 절대적 우위에 있는 적에게 그의 우위를 인정한다는 신호를 보내는 것이다.

겸양이 필요한 순간

도덕적, 철학적, 종교적 의미에서 겸양이라는 단어는 하나의 덕목으로서 누구나 갈구하는 위치를 멀리하고 그 아래에 의식적으로 머물려는 태도이다. 수도원장이었으며 신학자이자 영적 지도자였던 클레보의 성(수도사였기 때문에 붙이는 존칭이다. - 옮긴이) 베르나르드Bernhard von Clairvaux, 1090~1153는 겸양을 완전한 자기 부정으로 해석했으며 '자아를 비운 영혼 속에 흘러 들어온, 자비와 하나님의 음성은 명상 속에서 신비로운 환희를 불러일으키며 하나님의 진실을 놀랍고도 직접적으로 보여준다.' 물론 늑대와 개는 위의 관점에 동의하지 않을 것이다. 그럼에도 불구하고 이들이 겸허함Demut을 보일 때가 있다(단어 Demut는 한국어에서 사람에게 쓰일 때는 겸허, 겸손의 의미지만 동물에게는 굴종의 의미가 강하다. – 옮긴이).

　동물은 자신보다 강하다고 느끼는 상대가 나타나면 꼬리를 내리고 자신이 상대에게 위험하지 않다는 신호를 보낸다. 치멘은 다음과 같이 기술했다.

> 늑대가 상대에게 굴복할 때는 실제로 깨갱거리는 애처로운 소리를 내기도 한다. 또 굴복의 표시로 바닥에 등을 대고 가만히 누워 있으면 상대 늑대가 다가와 누워 있는 늑대의 털이나 항문, 성기 주위에 코를 대고 냄새를 맡는다. 이때 누워 있는 늑대의 몸을 핥는 일도 드물지 않으며 이런 경우 누워 있는 늑대는 꼼짝하지 않고 그대로 있다. 이러한 행위에서 양쪽 늑대는 시각적, 청각적, 후각적, 촉각적 정보교환을 하는 것이 분명하다. 어떤 경우에는 미각까지도 동원한다.

　이게 무슨 일일까? 왜 늑대가 등을 바닥에 대고 누워야 하는가? 어째서 상대에게 굴종하는 모습을 보이는가? 이러한 늑대의 겸손한 몸짓은 처음부터 자기보다 힘이 세거나 세어 보이는 상대를 진정시키고 갈등을 피하기 위해서이다. 개를 키우는 사람이면 개가 잘못한 일이 있을 때 혼이 나는 것을 피하기 위해 미리 굴종의 태도를 보임을 잘 알 것이다.

자신이 상대보다 열등함이 분명하지만 이 때문에 피해를 입는 것을 원치 않을 때 또는 자신의 열등한 처지를 거꾸로 이용해 이익을 얻으려 할 때 겸허함을 보이는 것이 그 해답이다. 행동학에는 이와 관련한 예가 무수히 많다. 로렌츠는 서열이 낮거나 싸움을 원하지 않는 개체에서 전형적으로 볼 수 있는 '겸허한(굴종적) 태도'를 회색기러기(거위)의 행동을 예로 들어 묘사하고 있다. 거위는 땅에 납작 드러누워 목을 길게 늘인 채 자신이 약하다는 것을 보여준다. 하지만 공작과 대결할 때 공작이 가지고 있는 특별한 전략 때문에 거위는 대개 싸움에서 지고 마는데 이때, 거위의 굴종적인 행동은 전혀 유리하게 작용하지 않는다. 공작은 거위가 싸움을 포기하든 말든 계속 거위를 쪼아대기 때문이다. 문제는 공작과 거위가 서로 다른 종에 속한다는 것이다. 전통적인 행동학의 관점에서 살펴보면 동족끼리의 싸움에는 살생 금지의 수단이 있다.

물론 굴종의 몸짓은 긍정적인 효과를 얻는데 일조하기는 한다. 하지만 동물이 자신의 동족은 죽이지 않는다는 가정은 잘못된 것임을 앞에서도 강조한 바 있다. 이것에 대해 '이런, 이렇게 애석한 일이……'라고 탄식하는 사람도 있다. 동족끼리 서로 평화롭게 지낸다면 얼마나 좋겠는가. 하지만 경쟁적인 동물 세계에서 이는 불가능하다. 동물의 세계에는 동족을 죽이는 일이 빈번하며 쥐나 사자, 인간 이외의 유인원 집단에서 동족의 새끼를 죽이는 행위도 자주 일어난다. 이러한 동물의 행동은 인간 세계에도 오래전부터 알려져 있었으며 이를 '타락한' 행위라고 여기는 사람도 많다. 하지만 동물의 이러한 행동을 우리가 애석하게 여겨야 할 이유는 없다. 인간이 인간을 죽이는 행위도 유인원을 비롯한 다른 동물의 진화의 과정 속에 포함되는 것이기 때문이다. 현대의 사회생물학(사회학적 현상을 생물학적 지식을 이용하여 탐구하는 학문 - 옮긴이)은 진화란 종을 보존하는 문제라기보다 개체의 생존과 직결된 문제임을 분명히 하고 있다.

다시 한 번 겸손이란 주제로 돌아가 보자. 겸손함은 물론 인간에게 중요한 행동양식이라고 볼 수 있다. 어떤 사람이 잘 알지 못하는 문제 때문에 관청을 방문한다고 생각해보자. 관청에 가서 담당 공직자를 대할 때는 추밀顧問고문관이나 시의원과 같이 제대로 된 호칭으로 불러야 하는 것뿐 아니라 자신의 일로 쓸데없이 심려를 끼쳐 죄송하지만 중요한 문제가 있어서 찾아 왔노라는 인사도 놓쳐서는 안 된다. …… 제 일을 해결해주실 수 있을지, 이것이 가능할지 …… 물론 공직에 얼마나 중요한 일이 많은지 잘 알고 있기는 하지만 …… 위의 예는 오스트리아의 관청에서 흔히 볼 수 있는 풍경이다. 이것이 그저 오스트리아인에게서만 볼 수 있는 행동양식이라고 할 수는 없다. 전 세계 어디서나 '공직자'들은 자신의 지위를 인정받고 싶어 한다. 또 지위가 낮은 공무원일수록 자리에 불안감을 느끼므로 도움을 청하는 사람이 겸손한 태도를 보이면 더 큰 만족감을 느낀다.

관청이나 정부의 유관기관에 신청이나 진정을 해야 할 일이 있는 사람이면 겸손한 태도를 보이는 것이 원하는 것을 얻기에 좋은 방법일 것이다. 아니면 적어도 하려는 일에 방해는 받지 않을 것이다. 물론 이와 정반대로 공무원을 재촉하거나 큰소리를 치는 것이 의외로 효과를 볼 수도 있다. 하지만 이 경우에는 자신이 다루고 있는 일에 대해 잘 알고 있어야 한다. 그렇지 않다면 대면하고 있는 공무원이 아무리 멍청해 보이더라도 그가 스스로 우월한 위치에 있다고 느끼도록 처신하는 게 현명하다. 내 경험으로 보아 이러한 방법은 특히 독일이나 미국의 출입국관리소 같은 관청에서 유용하게 쓰일 수 있다. 인간의 역사에서 이미 수만 년 전에 형성 발전되어 온 이러한 굴종의 자세는 독재정권 내부에서 권력을 행사하는 주체가 선호하는 방식이기도 하다. 권력이 이처럼 겸허함을 좋아하는 것을 보면 그나마 희망이 조금은 남아 있다고 해야 하지 않을까(독재 권력을 비꼬는 역설적 표현이다. - 옮긴이)…….

이보다 더 우울한 것은 문명사회에서 겸손한 태도가 때로 아무

런 효과도 내지 못하는 상황이 제법 있다는 것이다. 국가 권력은
이미 자신의 권력을 지키기 위한 다양한 무력적 수단을 바탕으로
존재한다. 이러한 위압적 권력이 없다면 사람들이 공직자 앞에서
겸손한 태도를 보여야 할 이유가 없다. 한편 현대 사회에서 우리
는 개인이 폭력을 자제하는 정도가 점점 약해지는 현상을 볼 수
있다.

유용한 전략, 피하고 도망가며 뒤에 숨어 있기

몸집이 작고 방어 능력이 미약하며 덩치 큰 동물의 먹잇감으로
대부분 희생되는 동물의 문제는 아래와 같다. 먹이를 찾아 헤매
고, 찾아낸 먹이를 먹는 동안 어떻게 목숨을 부지할 수 있을까?
먹이를 찾고 먹는 행위는 생존에 필수적이다. 하지만 자신의 생
존을 위한 행동 때문에 역시 생존을 위해 먹이를 찾는 다른 동물
에게 잡아먹히는 결과가 일어날 수도 있다.

그러므로 먹이가 되지 않으면서 먹이를 찾아내는 것이 중요하다.

예를 들어 청설모는 위협을 느끼면 나무 위로 올라간다. 청설
모는 주변에 나무가 없으면 어느 정도의 위험을 느낀다. 이때는
먹이를 적게 먹거나 주위를 덜 끄는 먹이를 찾아 먹는다. 아니면
먹이를 들고 안전한 장소로 가서 먹는다. 또 햄스터와 같은 동물

은 상대적으로 낮보다 안전한 밤에 먹이를 찾는다.

또 보름처럼 상대적으로 주위가 환한 밤에는 이 동물들이 올빼미와 같은 야행성 포식동물을 피하기 위해 먹이를 조금씩만 먹는 것도 관찰되었다. 이들의 일생은 말 그대로 위태로운 삶의 연속이라 할 수 있다. 먹이가 많을수록 생존의 확률은 커지지만 위험이 커지면 먹이가 풍부함에도 불구하고 일찍 죽을 확률은 높아진다. 슈퍼마켓이 열려 있는 동안 자신이 원할 때마다 필요한 먹이를 구할 수 있는 인간과 달리 동물은 언제 어디서 가장 안전한 방법으로 먹이를 구하고 먹을지 항상 조심해야 한다. 진화의 역사를 거슬러 올라가면 인간의 조상도 마찬가지였다. 위험은 어디에나 있으므로 당시의 인간들에게 위험을 제때 파악하고 가장 효과적으로 위험을 피하는 방법을 익히는 것은 무엇보다 중요했다.

풀밭 위에 사는 메뚜기를 상상해보자. 메뚜기가 풀밭 깊숙이 숨어 있으면 새의 먹이가 될 확률은 줄어든다. 그러나 도마뱀이나 다른 작은 포유류의 먹이가 될 확률은 그만큼 또 커진다. 가장 좋은 것은 메뚜기가 이른바 중도를 지키는 것이다. 하지만 '양쪽'에 포식동물이 살고 있는 상황에서 메뚜기의 생명은 그야말로 풀잎 끝에 걸린 것처럼 아슬아슬하다.

우리는 왜 동물이 대체로 겁이 많은지 이해할 수 있다. 어릴 적에 나는 곡식자루 뒤에 숨어 있는 토끼를 쓰다듬고 싶어 안달했다. 하지만 토끼를 만지는데 성공하지 못했다. 내가 살금살금 다가가 토끼를 잡을 수 있는 거리에서 손을 내밀면 토끼는 펄쩍 뛰어 도망쳤다. 내가 원하는 것은 토끼와 친구가 되는 것이므로 실망하지 않을 수 없었다. 하지만 그렇게 하는 것이 전혀 위험하지 않음을 토끼가 어떻게 알겠는가.

수많은 적에게 둘러싸인 토끼로서는 조금이라도 의심할 만한 상황이 보이면 도망치는 게 상책이다. 게다가 토끼에게 인간의 아이가 여우나 다른 동물보다 덜 위험하게 보일 이유가 어디 있겠는가. 그러니 토끼로서는 도망이 최선이다. 그러므로 우리는 어린이에게 토끼와 아이들의 사랑을 받는 동물은 누가 자기를 만지는 것을 무서워함을 알려줄 필요가 있다. 자연 속에서는 토끼나 다람쥐, 햄스터를 단지 쓰다듬기 위해 접근하는 평화주의자 동물은 거의 없기 때문이다. 그러므로 자신을 돌봐주는 조련사를 갈기갈기 찢어놓은 재규어도 인간의 관점에서는 잔인하고 비난받을 만하겠지만 재규어의 처지에서 보면 옳은 행동을 한 것이다. 수많은 세월 동안 대대로 남아메리카의 정글에 살면서 끊임없는 위험과 싸워온 재규어라는 동물이 (동족이 아닌) 다른 동물의 몸짓을 어찌 호의적인 것으로 해석할 수 있겠는가?

잠재적이거나 실제로 존재하는 적의 먹이가 되지 않기 위해 많은 동물이 높은 주의력을 발달시켰다. 동물들은 각자의 역량에 따라 시각과 청각, 후각과 그 외의 다른 감각기관을 통해 다가오는 위험을 제때 감지할 수 있었다. 도망을 쳐 숨을 곳을 발견하는 것이 너무 늦을 때도 있다. 이때는 멀리서 위험을 감지하여 적과 마주치지 않을 수 있는 능력을 갖춘 동물이 살아남기에 가장 유리했다.

긴팔원숭이는 적을 피하기 위해 여러 가지 전략을 구사하는 동물이다. 이들의 행동에 관한 연구는 태국의 '큰 산' 카오 야이Khao Yai 국립공원에서 확인할 수 있다.

이곳에 사는 긴팔원숭이는 표범을 비롯한 여러 고양잇과 포식동물과 거대한 뱀, 큰 포식 조류 등에 둘러싸인 적대적인 환경에서 살아간다. 특히 긴팔원숭이의 새끼는 이들 포식동물에게 잡아먹힐 위험에 항상 노출되어 있다. 그러나 원숭이는 뱀이나 고양잇과의 포식동물이 공격해오면 재빠른 동작으로 나무 위로 올라가 자신을 보호한다. 그렇지만 나무 꼭대기에 올라가면 독수리의 공격에서 자유롭지 못하므로 새끼 긴팔원숭이가 나무 끝에 머무는 일은 거의 없다. 새끼들은 고양잇과의 몸집이 큰 포식동물이나 큰 뱀이 닿지 못하도록 땅과 가까운 곳에 있는 얇은 나뭇가지 위에 머무는 방법을 택한다. 또한 긴팔원숭이는 적에게서 자신을 보호하기 위해 그에 맞는 수면습관을 발달시켰다. 즉 고양잇과의 포식동물보다 더 일찍 즉 대낮부터 잠자리에 드는 것이다. 마지막으로 긴팔원숭이는 무척 조심성이 많은 동물이다. 특히 수컷 긴팔원숭이는 주위를 살피는데 많은 시간을 보낸다. 따라서 긴팔원숭이는 제때 숨거나 도망치고 주위를 조심스럽게 살피기 때문에 살아남는 능력이 뛰어난 동물의 훌륭한 본보기라고 할 만하다.

완전히 다른 포유류이지만 비슷한 생존전략을 갖고 있는 동물로 아주 작은 아프리카산 영양Dikdik을 들 수 있다. 토끼보다 약간 큰 몸집을 한 이 작은 영양은 주위에 덩치가 큰 포식동물에 둘러싸인 채 살아간다. 표범이나 살쾡이의 일종인 세르발Serval, 카라칼Karakal과 같은 고양잇과 포식동물뿐만 아니라 포식 조류나 뱀이 우글거리는 이곳에서 살아남아야 한다. 그러나 긴팔원숭이처럼 이 작은 영양도 행동이 엄청나게 빠른데다 날카로운 감각을 지니고 있어서 자신이 살고 있는 환경을 '조절'할 수 있다. 게다가 적이 가까이 오면 같은 처지의 '먹이 동지'인 뿔닭Perlhühner이 지르는 경고의 울음소리에 도움을 받기도 한다. 뿔닭들은 적의 주위를 에워싸고 귀찮게 하여 적을 쫓아버리는데 그 사이에 영양도 위기를 피할 수 있다.

적이 다가오면 무리 전체에게 경고음을 내어 피할 수 있도록 하는 사회적 동물의 종류도 여럿 있다.

경고음은 특히 높은 수준의 안전장치와도 같다. 이런 이유로 사람들은 예나 지금이나 뛰어난 주의력을 갖추고 근무하는 동안 냉철하게 깨어 있는 경비원이 필요하다. 오래지 않은 과거에 오스트리아에도 밤에 마을이나 도시의 거리를 돌며 사람들의 평화를 지키고 적이나 도둑 또는 화재와 같은 위험이 닥칠 경우 경고음을 울리는 야간 경비원이 있었다. 어릴 적에 내가 살던 부르겐란트Burgenland의 마을에도 들판을 돌아다니며 옥수수나 호박, 비트beet(명아줏과의 두해살이풀 - 옮긴이)와 같은 곡식과 채소를 훔치거나 남의 소중한 물건을 가져가는 사람이 있는지 감시하는 들판지기가 있었다.

그런데 문제가 하나 있다. 하나의 개체로 살아남기 위해 적의 시선을 끌지 않고 숨거나 도망치고 뒤로 물러나는 것이 최선의 방법이라면 경고음을 울리거나 경비원의 역할을 하는 동물의 태도는 이와 상반되며 다른 생명체를 위해 자신을 희생하는 일종의 자살 행위라고도 볼 수 있다. 하지만 동물의 세계에서 개체가 다른 개체를 위해 기꺼이 자신을 희생한다는 것을 기대할 수 없으므로 다른 각도의 설명이 필요하다.

실제로 유전적, 진화적 관점에서 생물체의 사회적 행위를 바라보는 현대의 사회생물학에서는 간단히 말해 아무런 이익을 바라지 않고 행동하는 존재는 어디에도 없다고 한다. 즉 경고음을 울리는 동물의 행위는 단순히 자신의 이익을 위한 계산적 행동이다.

만약 한 개체가 나머지 무리에게 경고음을 보내지 않는다면 (이미 언급한 난쟁이 몽구스와 우드척woodchuck(다람쥐의 일종 - 옮긴이)의 경우는 좀 다른 예에 속한다) 다른 동물 무리는 영문을 모른 채 계속 그 자리에 머물 것이고 이렇게 되면 적(예. 포식 조류)이 무리 전체를 향해 눈을 돌리는 결과를 부른다.

또한 경고음을 낸 동물은 적의 눈에 가장 먼저 뜨이기 마련이다. 물론 위험을 알아챈 감시병 역할의 동물이 나머지 무리를 팽개치고 혼자 슬며시 도망갈 수도 있겠지만 이것조차 쉬운 방법이 아니다. 혼자 남게 되면 적의 먹이가 될 위험이 훨씬 커지기 때문이다. 만약 땅다람쥐(우드척)가 자신의 무리에게 적의 존재를 알리지 않고 혼자 숨어버린다면 많은 땅다람쥐 무리를 발견한 포식동물은 오랫동안 먹이사냥을 위해 주위에 머물 것이며 그렇게 되면 숨어 있던 땅다람쥐도 결국 발각되고 말 것이다. 이렇게 본다면 자신이 본 것을 주위에 있는 무리에게 알리는 것이 훨씬 이롭다. 무리의 이익이 개체에게도 동시에 이익이 되기 때문이다. 다시 말해 경고로 이득을 보는 것은 무리만이 아니라는 것이다. 감자밭에서 감자를 서리하는 도둑을 발견하고 이를 마을 사람들에게 알리는 들판지기의 행동은 순수한 이타심에서 비롯된 것이 아니라 사실은 자신의 이익을 위한 것이다. 이 일을 함으로써 들판지기는 농부에게서 보상으로 곡물을 얻기 때문이다. 스스로 농사를 짓지 않는 사람으로서는 이익이 되지 않겠는가!

주제를 마감하는 의미에서 코요테에 관한 예를 하나 더 들어보자. 주로 썩은 고기를 먹고 사는 이 중간 크기의 갯과 동물이 어떤 점에서 흥미로운가? 코요테는 겁 없이 인간이 사는 곳으로 내려올 뿐 아니라 인간의 도시에서 상당히 성공적으로 살아남는다. 이들은 워낙 사람의 눈에 띄지 않기 때문에 이들이 사는 로스앤젤레스에 거주하는 주민은 대부분 코요테가 근처에 살고 있다는 사실조차 모른다. 이곳 사람들이 코요테의 존재를 알게 되는 것은 대체로 이들이 저지른 좋지 않은 일을 겪고 난 후이다. 일이 벌어지면 사람들은 곧바로 동물관리국에 전화를 걸어 피해 사실을 알린다. '코요테가 우리 고양이를 잡아먹었어요!', '코요테가 우리 집 앵무새를 죽였다고요!' 등등. 그리고 동물관리국 직원에게 마을에 공포와 두려움을 퍼트린 코요테를 모두 잡아 죽이라고 요구한다. 포식동물이 살고 있는 서식지가 대부분 점점 줄어드는 상황에서 코요테의 서식지만 늘고 있다는 것은 흥미로운 부분이다.

코요테는 어느 누구보다 겁이 많은 동물이다. 또한 기회주의자이기도 하지만 바로 이 때문에 코요테는 북극의 툰드라에서부터 남쪽의 따뜻한 캘리포니아까지 다양한 지역에서 살아갈 수 있다.

비겁함과 영리함, 교활함

간단히 정리해보자. 영리하다는 것은 전혀 부정적인 의미가 아니며 영리한 사람이란 다른 사람에게 피해를 주지 않고 '자신을 위해' 일을 꾸려가는 사람이다. 영리한 사람은 다른 사람에게 모든 것을 털어놓거나 자신의 계획을 모두 얘기하지는 않는다. 이들은 자기 주관을 강하고 직설적으로 표현하는 사람보다 재치를 발휘해 더 수월하게 목표에 다가선다. 물론 아무도 영리한 사람의 술수에 걸리는 것을 좋아하지 않는다. 하지만 우리는 어린아이가 일찍부터 영리한 모습을 보이면 좋아한다. 아이가 영리하면 앞으로 살아가기에 큰 도움이 될 것으로 짐작하는 것이다.

하지만 교활함은 영리한 것과는 사뭇 다르다. 우리는 교활한 사람을 대할 때 조심해야 한다. 교활한 사람은 교묘한 방법으로 자신의 적대적인 의도를 숨기기 때문이다. 교활함은 위험을 몰고 올 수 있다. 이것은 적군의 눈을 피해 숨어 있다가 경계가 약해진 틈을 타서 공격하는 전술과 일맥상통한다. 갑작스런 공격에 깜짝 놀란 적군은 반격할 기회를 대부분 놓치고 만다. 전쟁영화를 많이 보았거나 칼 마이의 소설을 읽어 본 독자라면 내 말의 뜻을 이해할 것이다. 이러한 전략은 게릴라가 대부분 구사하는 것인데 '객관적으로' 약한 전력으로도 더 강한 적을 무찌를 수 있다.

그렇다면 인간이 아닌 다른 동물도 영리함과 교활함을 동시에 갖추고 있는가? 고양잇과의 포식동물이 먹이에 어떻게 접근하는지를 살펴보자. 대개의 고양잇과 포식동물은 자신의 먹이가 될 동물이 저항할 것으로 예상하지는 않는다. 하지만 사자나 표범이 가젤의 무리 앞에 떡하니 나타나 곧 그들을 죽일 의도를 드러내는 것은 어리석기 짝이 없는 행동이다.

이보다는 적당한 곳에 숨어 먹잇감을 완벽하게 덮칠 수 있는 최상을 기회를 노리는 것이 나은 방법이다. 한편 먹이가 될 수 있는 동물은 (우리가 이미 살펴본 대로) 뛰어난 주의력이 있다거나 빨리 도망치거나 하는 반대전략을 사용한다. 영리함과 교활함은 자연에서 살아가는데 꼭 필요한 전략이며 이러한 전략이 없는 동물은 도태되고 만다. 같은 종에 속하는 동물끼리도 영리하며 자신의 진정한 의도를 감추고 사는 동물이 더 큰 이익을 얻는다. 인간을 제외하고 침팬지가 이러한 속임수의 달인이라는 것은 그리 놀라운 사실이 아니며 이미 앞에서 언급한 바 있다.

철학자이자 언어심리학자인 프리드리히 카인츠Friedrich Kainz, 1897~1977는 동물은 속임수를 쓰지 못한다고 주장하며 '속임수를 쓰려면 곰곰이 사고할 수 있어야 하는데 동물이 숙고한다는 것은 그들이 가면을 쓰거나 연극을 할 수 없는 것과 마찬가지로 불가능하다'고 했다. 오늘날 우리는 그 이상을 알고 있다. 진화의 과정에서는 살아남는데 도움이 되는 것이면 무엇이든 자연선택의 방편으로 이용된다. 그러므로 속임수를 쓰는데는 사고가 필요하지 않으며 살아남기 위해서는 아무도 굳이 '숙고'할 필요가 없다.

교활함과 영리함은 살아남는데 확실히 유용함이 증명되었고 이런 이유로 널리 이용되고 있다. 인간은 이러한 모습을 주제넘게 과장하여 도덕적인 문제로 삼고 있다. 신화와 동화를 읽다보면 영리하고 교활한 영웅만 나오는 것이 아니라 아무런 힘도 없는 동물들도 등장한다. 고슴도치와 토끼 이야기에 나오는 고슴도치는 아주 영리하고 교활한 동물로 묘사되어 있다. 하지만 이

'이야기의 교훈'은 무엇인가. 힘없는 동물도 영리하면 힘세고 자기보다 뛰어난 동물을 이길 수 있다. 여기서 다시 한 번 소머의 설명을 들어보자.

영리하고 교활한 동물은 과연 겁쟁이인가? 글쎄, 적어도 이들은 자신의 '생명 에너지'를 쓸데없이 낭비하지 않고 교묘하게 빠져나가면서 어느 정도 자신이 원하는 것을 얻을 줄 안다.

영어에서 '몰래 꼼수를 쓰는Sneaky'이라는 표현은 '교활함'과 '속임수를 잘 쓰는' 것을 동시에 의미하며 '은밀한sneaking'이라는 표현은 뒤에서 남을 속이는 것과 관계가 있다. 또 은밀하다는 표현은 '비열하다'는 뜻이기도 하다. 그렇지만 사람이 아닌 동물에게 '비열하다'고 비난하는 것은 온당치 않다. 비열하다는 것은 비도덕적이라는 말인데 자연에는 도덕도 비도덕도 없기 때문이다.

여기서 나는 '번식 전략'의 하나로 몰래 꼼수를 쓰는 동물에는 물고기까지 포함됨을 언급하고 싶다. 이것만 봐도 세상에는 특별한 용기가 없어도 성공적으로 번식을 해내는 생물체가 널리 존재함이 분명하다. '사기꾼'이나 '기생충' 그리고 '조수'와 같은 역할을 하는 동물은 자신이 처한 상황에서 나름대로 이익을 취한다(오랑우탄들 사이에는 번식의 기회를 얻기 위해 몰래 꼼수를 쓰기도 하는 것은 잘 알려진 사실이다). 인간 세계에는 기회를 적기에 그리고 적소에서 낚아챌 줄 아는 '마지막에 웃는 제삼자'의 경우도 흔히 볼 수 있다. 물론 비겁하게 행동한다고 해서 곧바로 성공적인 번식으로 이어지는 것은 아니지만 상당히 도움이 된다. 다른 이들이 참여하는 위험한 행동에 휩쓸리지 않고 잠잠해질 때까지 기다렸다가 나중에 이들과 관계를 맺으면 대체로 이익이 생긴다. 물론 인간사회에서 이와 같이 행동하는 것은 아무에게도 환영받지 못하지만 남에게 뒤처지고 싶지 않으나 별 다른 미래가 없는 사람에게는 이 이외에 다른 선택의 여지는 없다.

이제부터 비겁함이 완벽하게 도덕적 범주에 들어갈 수 있는 이유를 제시해보겠다.

05 Chapter

비겁함의
도덕

가장 겁 없는 용사는 가장 부도덕한 목적을 위해
자신을 바칠 수도 있다.
— 애덤 스미스(Adam Smith)

철학이나 도덕 서적의 용어 색인에서 '용기'나 '용맹성'이라는 단어를 검색하면 대체로 이에 대한 자료를 곧바로 찾아낼 수 있다. 하지만 '비겁함'에 대한 내용을 찾고자 하면 종종 헛수고로 끝나고 만다. 이는 용맹성이나 용기가 예로부터 4대 덕목의 하나로 존중돼 왔다는 것을 고려하면 그리 놀라운 일이 아니다. 이에 비해 비겁함은 도덕적으로 존경받는 위치에 있는 적이 없으며 좀 더 정확하게 말하면 도덕철학에서 대부분 부정적인 대접을 받아왔다. 고대로부터 인간 사회는 개인적인 행복보다 영웅주의를 선호하는 철학적 사조가 지배적이었으며 사회의 지도층은 이러한 신념을 설파해왔다. 그러나 자연의 세계를 다윈과 그의 진화론적인 관점으로 바라보면 무엇보다도 중요한 것은 개인적인(유전적)

생존이다. 인간도 자연의 일부이며 살아 있는 존재로 (그게 아니라면 무엇이겠는가!) 무엇보다 본능적으로 자신의 행복에 우선 관심이 있기 마련이다.

그러나 인간의 이러한 행복추구의 권리는 고대 이래 줄곧 부정되어 왔다. 모든 종교가 개인의 행복을 찾는 대신 굴종과 겸손을 앞세워야 한다고 가르친다. 또 국가기관은 지배자의 입맛에 맞추어 개인에게 공공의 안녕을 중시하고 '더 높은 것'을 위해 개인의 희생을 강요하며 이들을 전쟁터에 보내 죽음을 맞이하도록 내몬다. 영국의 철학자 허버트 스펜서^{Herbert Spencer, 1820~1903}는 우리가 영웅주의의 전통을 보존하는 것은 타인을 위한 자기희생을 내세워, 셀 수 없이 자행되었고 또 저질러질 인간의 잔인성을 누그러뜨릴 수 있으며 더 높은 인간성에 대한 희망을 키워준다는 점에서 긍정적이라고 평가했다. 그의 의견이 완전히 틀린 것이라고는 보기는 어렵다.

하지만 자기희생이라는 것은 보기 힘든 덕목인데도 우리가 뉴스를 통해 번번이 접하는 테러 공격이나 집단 학살 등의 예에서 볼 수 있듯이 인간의 야수성은 쉼 없이 표출되고 있으며 그 한계도 없다. 그러므로 자기희생에 대해 희망을 거는 것도 하나의 기만으로 느껴진다.

우리에게는 죽은 영웅이 너무 많은 반면 살아 있는 겁쟁이는 극소수이다. 이런 점이 이 책을 쓰게 된 출발점이 되었으며 또 주제이기도 한데 나는 이 장에서 비겁함을 분석해보고 그것의 높은 가치를 하나의 도덕적 범주에 넣으려 한다. 이를 위한 전제 조건은 개인의 중요성에는 어떠한 의미도 부여하지 않으며 오직 '사회'를 위한 자기희생과 무조건적인 복종을 요구해온 지금까지의 모든 도덕 그리고 도덕적 사고와 작별하는 것이다. 신을 위해, 황제와 조국을 위해…… 수많은 세대를 거쳐 우리 인간은 이 같은 위험한 엉터리 논리를 주입받아 왔고 너무나 많은 사람이 이런 논리에 휘둘려 자진해서 또는 억지로 부응했다. 아무도 이들을 겁쟁이라 부를 수는 없다. 이들은 단지 용감한 척하는 자들과의 권력 게임에서 다른 선택의 여지가 없어 복종했거나 권력자 앞에서 용맹성을 보여야 했던 불쌍한 사람에 지나지 않았다. 이 과정에서 목숨까지 잃은 사람은 너무도 많다.

용기와 부덕

베르톨트 브레히트Bertolt Brecht는 갈릴레오의 입을 빌어 이렇게 말했다.

'영웅을 요구하는 나라는 불행한 나라이다.' 잘 알려진 대로 갈릴레오 갈릴레이Galileo Galilei, 1564~1642는 종교 심문관들 앞에서 자신의 신념을 포기했으며 그 대가로 목숨을 부지할 수 있었다. 브레히트는 그가 쓴 책에서 갈릴레이는 자신의 본분을 포기한 과학자로서 학자의 지위를 누릴 가치가 없다고 주장했다. 이에 비해 조르다노 브루노Giordano Bruno, 1548~1600는 갈릴레이와 마찬가지로 현대 과학의 발전에 많은 기여를 했으나 자신의 신념을 굽히지 않고 주장하다 처형당했으며 오늘날 과학의 희생자로 인정받고 있다.

오늘날 조르다노 브루노는 비판적 계몽운동의 창시자로서 그의 희생으로 많은 사람에게 잊히지 않을 위인으로 남았다.[7]

자신의 견해를 굽히지 않고 이단이라고 탄압하는 외압에 굴복하지 않는 것은 훌륭한 일이다. 하지만 처한 여건과 자기가 원하는 이상적인 상황을 구분할 줄 알고 이념적, 정치적 외부 상황을 잘 파악하는 것이 생존에 유리하다. 제3제국의 이념을 근본적으로 회의하며 공개적으로 지배층을 '극우 깡패'라고 불렀던 사람은 오늘날의 관점에서 보면 너무나 분명한 진실의 대변자이지만 당시에는 사형선고를 자청하는 것이나 다름없었다. 그런데 자신의 생명을 잃고 만다면 옳은 행동이 다 무슨 소용인가? 제3제국에서 용기를 증명한 수많은 사람이 그 대가로 목숨을 잃었다. 이

---

7 조르다노 브루노는 2004년에 창시된, 비판적 계몽주의와 인본주의적 주류(主流) 문화(Leitkultur)에 바탕을 둔 진화론적 인본주의를 간접적으로 옹호한 학자로 볼 수 있다. 이 재단과 조르다노브루노아카데미는 훈스뤼크(Hunsrück) 산에 있는 마스테르스하우젠(Mastershausen)이라는 작은 마을에 있다(하지만 이 재단이 벌이는 행사는 여러 다른 지역에서도 볼 수 있다).

들은 나중에 영웅으로 명예를 회복했지만 그것은 단지 상징적인 의미만 지닐 뿐이다. 목숨을 잃은 자에게는 어떠한 보상도 쓸모가 없다.

독일 점령하의 수데텐Sudeten에 살던 사업가 오스카 쉰들러Oskar Schindler, 1908~1974는 (그의 업적을 기려 스티븐 스필버그는 〈쉰들러리스트Schindler's list〉라는 영화를 만들었다) 용기보다는 계산이나 불명예로 볼 수 있는 목적이 깔린 다른 종류의 전략을 선택했다. 자신의 사업이 별 진전이 보이지 않자 쉰들러는 당시 강제노동에 동원된 유태인과 폴란드 인의 노동력을 이용해 만든 물건을 나치 군부에 대주고 돈을 벌 목적으로 폴란드로 이주했다. 그는 NSDAPNationalsozialistische Deutsche Arbeiterpartei(국가사회주의 독일노동당 – 옮긴이)의 일원이었으며 친위대SS 관료에게 수많은 뇌물과 선물을 바친 끝에 이 사악한 후원자들의 도움으로 결국 사업에 성공할 수 있었다. 동시에 쉰들러는 지하세계에서 활동하는 유태인 사업자들과 관계를 유지했으며 자신의 공장 책임자도 유태인이었다.

'전시 중요 상품'으로 분류된 물건을 만드는 공장에서 일하게 된 유태인들은 '전시 중요 노동자'로 분류되어 쉰들러의 보호를 받아 강제수용소행을 면할 수 있었다.

쉰들러가 영웅이라고 볼 수는 없다. 오히려 그는 자신에게 찾아온 사업 기회를 이용할 줄 안 기회주의자였다. 사치스러웠던 쉰들러의 생활과 뇌물을 써 원하는 목적을 달성하려던 그의 방식은 미덕의 표본과는 거리가 멀다. 하지만 전쟁 중에 이익을 챙긴 사람이었지만 쉰들러가 다른 사람과 다른 점은 자기 밑에서 일하는 노동자들(대부분이 유태인)을 인간적으로 대했다는 점이다. 결국 쉰들러는 1천이 넘는 생명을 구했다.

쉰들러의 예에서 우리가 알 수 있는 것은 어떤 상황에서는 도덕주의자가 그저 까닥하는 손가락질만으로는 '훌륭한 행동'을 이룰 수 없다는 점이다. 그리고 행동의 동기도 미덕으로만 채워질 수 없다. 나중에는 점점 나치의 잔인성을 혐오하게 되지만 초기에 쉰들러가 나치에게 중요한 물건을 만들어낸 공장을 설립한 동기는 다름 아닌 이윤 획득이었다. 쉰들러는 용감한 영웅으로 행동하지 않았으며 나치 세력과 손을 잡았다. 그런데 바로 이 때문에 수많은 생명을 구할 수 있었다. 하지만 죄악에 물든 정신병자 집단과 같은 지배층의 '극우 깡패'들과 맞서 자신을 믿음을 지킨 용기 있는 이들은 다른 사람의 생명은 물론 자신의 목숨조차 지키지 못했다. 오해를 피하기 위해 부연하면 나는 사람들이 이러한 상황에 순응해야 한다고 주장하는 것이 아니며 또 개인적으로 노예적 복종을 깊이 경멸한다. 여기서 내가 말하려는 것은 자신과 다른 사람을 구하기 위해서 우리가 진정으로 할 수 있는 일이 무엇인지 생각해보자는 것이다.

이제 여러분은 왜 내가 용기를 부덕이라 부르며 비겁함을 옹호하려는지 이해할 수 있을 것이다. 자신의 원칙을 지키며 사는 사람은 특정한 상황에서는 그 자신을 위험에 빠뜨릴 수 있다. 인간 유전자의 진화과정에서 볼 수 있듯이 생존을 위한 혼합적 전략이 있다. 사람은 상황에 따라 채식할 때도 있고 육식할 때도 있다. 그러므로 개인의 삶에도 고정된 원칙이나 독단에 따른 것이 아닌, 주어진 상황에 따라 행동하는 것이 더 권장될 만하다. 자신의 원칙이나 신념을 지키는 것은 물론 명예로운 일이지만 어떤 상황에서는 자신의 삶을 지속하기 위해 그것을 유보할 수도 있어야 한다. 전쟁에서 끝까지 자신의 조국과 지도자에게 충성을 다하는 병사는 목숨을 내놓은 것이나 다름없다.

예를 들어 제2차 세계대전 말기에 전쟁이 거의 끝나가고 패배가 눈앞에 닥친 상황에서도 독일군은 상부의 명령에 따라 용감하게 싸울 것을 지시받았다. 그 상황에서 적군에 포로가 될 만큼 '행운'이 따르지 않았던 충성스런 군인은 결국 자신의 목숨을 대가로 바쳐야 했다.

여기서 전쟁 도중에 대개 발생하는 탈주병에 관한 이야기를 해보자. 전장에서 도망친 군인은 잡힐 경우 심하면 사형을 당할 정도의 극형을 받게 된다. 따라서 탈주한 병사는 비겁함과 용기라는 양날의 칼 위를 걷는 극단적인 딜레마에 빠지게 된다. 즉 전장에서 싸우기에는 너무나 겁이 많은 비겁자이지만 자신의 탈주가 가져올 여러 가지 결과를 잘 알고 행동한 것이라면 그러한 비극적인 가능성마저 감당할 정도의 용기가 있는 셈이다.

치명적인 기록

경쟁과 겨루기는 생명에 추진력을 불러일으키는 요소이기도 하다. 자연선택은 자신의 동족과 겨룰 수 있는 경쟁력에 따라 발달해 왔다. 게다가 다른 종과의 경쟁도 존재한다.

가령 하이에나가 똑같이 썩은 고기를 먹고 사는 독수리들을 몰아내고 먹이를 독차지하거나 적어도 독수리만큼 먹이를 차지할 수 있다면 이것은 생존에 결정적으로 도움이 된다. 오늘날 살아 있는 하이에나 중에 최소한 독수리에게 먹이를 빼앗기는 경우는 거의 없다. 물론 현존하는 생물은 대부분 적대적인 환경에서 자신의 능력을 입증해야 한다. 이와 마찬가지로 인간의 특징이나 성격도 계통 유전학적 역사가 있으며 경쟁 속에서 가치가 증명되어 왔다.

다른 사람과 경쟁하는 것은 인간의 본성이다. 이런 자연스러운 기질이 환경과 문화의 영향에 따라 강화되면서 온갖 종류의 경쟁의 역사는 그 문화만큼이나 오래 되었다. 그런데 시간이 지나면서 경쟁은 놀라울 정도로 확대되었다. 강아지나 고양이, 곰의 새끼와 같은 동물은 상대에게서 무엇인가를 빼앗거나 상대를 '제압'하기 위해 서로 희롱하듯이 공격한다. 이러한 방법으로 이들은 어미에게 더 이상 보호받을 수 없는 성년기에 이르러 맞게 될 자연에서의 경쟁을 위해 미리 훈련하는 것이다. 이러한 어린 동물의 행동 양식은 사람이라고 해서 다르지 않다. 서로 놀리며 노는 것은 어른이 될 때까지 인간과 몇몇 포유동물에게서 발견할 수 있다. 네덜란드의 문화인류학자인 요한 하위징아Johan Huizinga, 1872~1945는 '놀이'를 인류 문화 역사의 기본적 동력이라고 보았다.

사실 이러한 놀이는 문화와 떼어놓을 수 없으며 바로 문화 역사의 한 영역에 속한다. 여기에는 그럴 만한 이유가 있다. 놀이를 통해 놀이에 참가하는 사람의 주의력을 높이고 놀이를 마친 후 휴식과 더불어 진취적이고 긍정적인 긴장감을 불러일으킨다. 물론 이것은 그 놀이가 그다지 위험하지 않을 경우의 이야기다.

그러나 현대 문명에서 놀이는 엄청난 액수의 돈과 결부되어 점점 살인적인 경쟁으로 치닫고 있다. 전문 스포츠가 대표적인 예에 속한다. 전문 스포츠의 구호는 '어떤 수단으로든지 이기자'가 되었으며 스포츠 선수는 인위적인 방법으로라도 자신의 성적을 높여야 한다.

약물투여도 한 방법이다. 하지만 이런 현상은 우리가 생각하는 만큼 그리 새로운 것이 아니다. 이미 고대 그리스 시대에도 전문 육상선수들은 뛰어난 기량을 발휘하기 위해 체중을 불리는 방법을 사용했다. 고대 그리스 시대의 영웅과 스포츠에 관해 많은 이야기를 펴낸 필로스트라토스Philostratos, AD 160~244는 선수들에게 음식을 강제로 먹이던 당시의 현상을 기록했다. 고대의 가장 유명한 스포츠 선수는 아마도 BC 6세기 무렵에 살았던 크로톤Krotton의 밀론Milon일 것이다. 밀론은 무려 6번의 올림픽 게임과 25번의 국가 경기에서 승리를 거두었다. 이를 위해 그는 하루에 8kg 이상의 고기와 같은 양의 빵을 먹었으며 10리터 이상의 와인을 마셨다고 한다. 하지만 맨손으로 나무를 찢으려 하다가 죽었다고 전해진다. 밀론은 그리 오래 살지 못했는데 죽음을 맞이했을 때 40세 정도밖에 되지 않았다. 하지만 당시 사람의 수명은 오늘날보다 훨씬 짧았다는 점을 기억할 필요가 있다.

고대의 그리스인들은 스포츠에 극단적으로 열광했던 것 같다. 승리를 거둔 육상선수는 자신의 고향에서 큰 명예를 얻었고 경기 중 코가 찌그러지거나 귀가 망가졌다고 해도 크나큰 고난과 영광의 징표로 받아들여졌다. 이러한 현상에 대해 몇몇 철학자가 나라의 앞날을 걱정하며 사람들에게 철학의 중요성을 일깨우려고 애썼다. 크세노파네스Xenophanes, BC 580~485는 다음과 같이 썼다.

전 도시가 경기에 이긴 선수에게 명예와 선물을 쏟아 붓고 있다. 하지만 스포츠 선수가 나만큼 값어치가 있는 것은 아니다! 왜냐하면 인간의 힘 중에 가장 위대한 것은 …… 지혜이기 때문이다. 도시의 아들 사이에 경쟁을 부추겨 승리를 얻는 것이 무슨 의미하지만 지금도 수많은 사람이 철학자보다 스포츠 선수에게 열광하는 것에서 볼 수 있듯이 역사는 크세노파네스의 노여움이 헛된 것으로 증명했다.

이런 현상은 철학자가 들으면 슬퍼할 일이겠지만 엄연한 사실이다. 하지만 뛰어난 운동선수는 대부분 그리 오래 살지 못했지만 지금도 오래 살지 못한다는 사실을 생각해보라. 물론 우리가 이 사실에 은근히 흡족함을 느낀다면 도덕적으로 비난받아 마땅하다.

우리는 여기서 자동차 경주 도중 사고로 목숨을 잃는 선수나 이미 언급했던 라인 강 기슭의 바위 위에 두 손을 짚고 선 곡예사 또는 1992년 올림픽 경기에서 스키 경주 중 설상차snow cat에 부딪혀 목숨을 잃은 스위스 스키선수 니콜라스 보차타이Nicolas Bochatay와 같은 사람에 대해 생각해보아야 한다.

스포츠나 게임에서 깊은 종교적, 의식적 의미를 찾아낸 민족도 있다. 마야인의 공을 이용한 게임은 좋은 예이다. 이들의 공 경기장은 오늘날까지 남아 있다. 멕시코의 유카탄 반도에 있는 치첸이트Chichen Itza사를 방문하는 사람은 이 공 경기장을 볼 수 있다. 그 경기장에서 치러졌던 잔인한 일은 오늘날의 우리는 그저 짐작만 할 뿐이다. 게임에 사용되는 공은 천연고무로 만들어졌으며 테니스공보다 약간 더 컸다고 한다. 경기에 참가하는 선수들은 두꺼운 보호대를 배 부분에 대고 장갑을 꼈으며 무릎 보호대도 착용했다고 한다. 고대의 마야인도 가끔 '친선경기'를 열기는 했지만 대체로 이들이 열었던 경기는 종교나 의식의 의미가 컸다. 종종 전쟁 포로들이 마야 시민을 위해 공 경기에 강제로 동원되었다. 하지만 마야의 공 경기는 승리자를 위한 것도, 새로운 기록을 위한 것도 아닌 게임에서 지는 자들의 종말을 위한 경기였다. 진 쪽의 포로들은 참수를 당하거나 공 모양으로 둥글게 묶인 채 사원의 계단 아래로 굴리어 목숨을 잃었다.

물론 우리는 과거의 마야인처럼 '원시적'이지는 않으며 경기에서 졌다고 목숨을 잃을까봐 벌벌 떠는 스포츠 선수도 거의 없다. 하지만 패배한 선수에게 대중의 무관심과 경멸이 기다리는 있음은 분명하다. 환호하던 팬클럽은 순식간에 해체되고 곧 다른 영웅이 나타날 것이다. 그러므로 프로 스포츠의 세계에서 선수는 부담을 많이 느끼기 마련이다. 이것은 프로 스포츠에만 국한되는 것이 아니다. 스키나 눈썰매 같은 레저 스포츠를 즐기는 사람조차 경기 도중 다치거나 목숨을 잃는 일도 있다. 이유는 대체로 자신의 능력을 과신했거나 그 스포츠의 위험성을 과소평가한 까닭이다.

그러나 죽음의 기록에 도전하는 것이 스포츠라고만 생각한다면 완전한 오산이다. 세계무역센터를 향해 자신이 탄 비행기를 몰고 돌진한 여객기 납치범들은 의심할 바 없는 죽음의 기록을 남겼다. 물론 그들이 스포츠 게임과 같이 기록을 수립하는데 목적을 두고 그렇게 행동한 것이 아님은 확실하다. 그들은 다른 동기와 목적으로 비행기를 몰고 의도적으로 고층 빌딩에 충돌해 자신의 목숨뿐 아니라 다른 수천 명의 생명까지 앗아갔다. 비행의 역사에서 이것은 하나의 획기적인 사건이라고 볼 수 있다(다른 사람이 이 기록을 깨겠다고 하지 않기를 바랄 뿐이다). 이외에도 이미 제2차 세계대전에서 악명을 떨친 죽음의 가미카제Kamikaze 특공대가 있다. 일본 공군은 죽기로 임무를 수행했던 비행사들이 자발적으로 나라를 위해 목숨을 바쳤다고 주장하지만 지휘관이 조종사들을 일렬로 세우고 '지원병'을 요구할 때 그것에 불복종할 수 있는 조종사는 거의 없을 것이다.

이 세상에 그런 죽음의 전투에 참가할 만큼 용기 있는 사람이 없다면, 종교나 그 외의 사악한 이념의 이름으로 자신의 목숨을 비롯해 결과적으로 다른 이의 목숨까지 바칠 만큼의 용기가 없는 겁쟁이로 가득하다면, 수많은 사람의 목숨을 희생하여 기록을 세우려는 사람이 아무도 없다면, 이 세상이 어떨지 한번 상상해보자…….

죽는 것보다는 조롱받는 편이 낫다

물론 경험 많은 겁쟁이는 별다른 고민 없이 위의 좌우명을 따를 것이다. 조롱당하는 것을 좋아하는 사람은 아무도 없다. 그렇지만 조롱당하는 것이 죽는 것보다는 나은 선택이다. 도덕주의자나 어떠한 상황에서도 사회적 요구를 따라야 한다고 생각하는 사람은 불쾌하게 느끼며 이렇게 되물을 수도 있다. '도대체 신의는 어디에 두었는가?'

사람의 목숨이 위태로운 상황에서는 명예나 신의 같은 것은 생각하지 말아야 한다. 명예로운 행동은 그것을 누릴 수 있을 때나 가능한 것이다. 죽음으로써 명예를 보존하고 새로 정립한다는 태도야말로 비극이다.

고대부터 20세기까지 끈질기게 이어온 나쁜 관습인 결투를 예로 들어보자. 이미 아르투르 쇼펜하우어Arthur Schopenhauer, 1788~1860는 다음과 같이 결투를 경멸하는 글을 쓴 바 있다.

오늘날 조직적으로 개와 개를 맞붙여 싸움을 시키는 것이 금지되었음에도 불구하고 (영국에는 법적으로 처벌받게 되어 있다) 인간은 기사도정신이라는 우스꽝스러운 미신과 하찮은 싸움에도 기사의 의무를 다할 것을 요구하는 어리석은 결투 주관자에 떠밀려 자신의 의지와는 상관없이 죽음의 결투를 시작해야 한다. 그러므로 나는 우리 독일의 엄격한 도덕주의자들은 앞으로 '결투'라는 단어 대신 '기사들을 맞붙여 혈투를 치르게 하는 것'이라는 단어를 써주기 바란다. 이 엉터리짓을 하면서 사람들이 드러내는 가식적인 모습을 보고 있노라면 쓴웃음을 참을 수 없다. 또 한편 결투의 원칙이나 터무니없는 예법이 무단으로 지배하는 것 말고는 법이라고는 도통 모르는 봉건 왕국이 제정했음은 더욱 분노할 일이다. 종교재판소를 존속시켜 힘없는 사람을 끊임없이 학대하고 아무 백성이나 자기들이 원하는 대로 트집을 잡아 한순간에 영주의 졸개로 만든 뒤 생사여탈권을 쥐고 흔들었던 자가 봉건 영주가 아니었던가!

끝까지 자신을 합리적인 동물이라고 생각하는 인간이라는 종족에게 결투는 역사의 수치이다. 그러나 특정한 사회적 배경에서 (독일제국이나 오스트리아-헝가리 제국 시대에) 명예가 더럽혀진 공직자가 자신의 명예를 회복하려면 결투를 요구하는 것 말고는 다른 방법이 없었던 것도 사실이다. 왜냐하면 당시의 공직자에게 명예란 개인적인 것이 아니라 자신이 속한 제국의 명예를 의미하는 것이기 때문이었다. 하지만 명예를 다시 찾고자 했던 결투자의 일부는 자신의 목숨을 대가로 바쳐야 했다. 미국의 유명한 정치가였던 알렉산더 해밀턴Alexander Hamilton, 1755 또는 1757~1804도 이 예에 속한다. 해밀턴은 미국 헌법을 만든 최초의 입법자 중의 한 사람이었지만 모욕감을 느끼고 결투를 신청한 정적의 요구로 어쩔 수 없이 결투를 받아들여야 했다.

결국 해밀턴은 정적이 쏜 총탄에 맞아 아내와 7명의 자녀를 남겨두고 세상을 뜨고 말았다(이런 점에서 고함을 치르는 것으로 '결투'를 대신하는 오늘날의 정치가는 훨씬 현명한 셈이다). 이외에도 알려지거나 알려지지 않고 묻혀버린 결투의 예는 무수하다. 특히 17세기와 18, 19세기에 귀족들 사이에 결투는 널리 퍼져 있는 관습이었다. 일종의 '귀족계급의 의무'였던 셈이다. 물론 말도 안 되는 엉터리 의무지만 말이다.

우리가 살고 있는 세계는 법에 따라 오래전에 결투가 금지되었지만 그래도 현대 사회에 의식의 일종으로 전이되어 합법적으로 존재한다. 사각의 링 위의 권투와 같은 격투기가 바로 이런 예에 속한다. 특히 권투는 상대방에게 심각한 상처나 영구적인 신체 손상을 입힐 수 있을 뿐 아니라 죽음으로까지 몰고 갈 수 있는 잔인한 스포츠이다. 그렇다면 권투가 왜 지금도 사람들에게 그토록 인기가 있는가에 대한 해답은 사회생물학적인 관점에서 찾을 수 있다. 자신이 적자임을 증명하는 권투선수는 금전적인 보상을 받고 (때로는 그 액수가 엄청나다) 또 관중은 권투 경기 중 한쪽 선수를 응원하면서 몹시 흥분한 상태에서 마치 자신이 직접 링 위에 오른 듯한 느낌에 빠져 일종의 '전율'을 경험한다. 개인적으로 나는 권투라는 스포츠를 이해할 수 없다. 지성을 갖추었다는 사람이 자신에게 아무 짓도 하지 않은 사람들이 서로 때리고 맞고 하는 것을 어떻게 즐길 수 있는지 도저히 납득이 가지 않는다. 오로지 돈을 벌기 위해 자신을 몸을 망가뜨리는 것도 내가 보기에는 어리석은 짓이다. 내가 비겁함을 옹호하는데는 분명한 이유가 있다…….

이 책이 인간 이외에 수많은 동물의 행동 양식을 다루었으므로 어떤 독자는 이미 동물행동학계에 오래 전에 알려졌고 동물의 세계에 널리 퍼져 있는 의식적 대결kommentkämpfe(정말로 싸우는 것이 아니라 수사슴끼리 뿔을 맞대고 힘겨루기를 하는 것처럼 일종의 양식화된 행위를 거쳐 우위를 결정함. - 옮긴이)을 떠올릴 수도 있겠다.

의식적 대결이란 동족의 동물 사이에 벌어지는 대결로서 각자의 영역과 서열을 결정하고 짝짓기를 위한 배우자를 차지하기 위한 것이다. 의식적 대결은 기사들의 펜싱경기와 유사한데 다시 말해 지켜야 할 일정한 규칙이 있다. 하지만 동물의 세계에는 '기사의 명예'와 같은 것은 어디에도 없다. 두 마리의 수컷 가젤이나 쥐, 이구아나 방울뱀이 대결에 앞서 일종의 의식을 치르고 곧바로 싸운다고 해서 이들이 명예를 되찾기 위한 싸움을 하고 있다고 생각해서는 곤란하다. '모욕감' 때문에 싸우는 동물은 없다는 말이다.

그러면 인간으로 돌아가 보자. 사회적 장치는 개인에게 그 값을 치를 것을 요구한다. 이에 대한 극단적인 예는 범죄조직의 전형으로 볼 수 있는, 엄격한 계급질서와 역시 명예에 대한 엄격한 규칙을 표방하고 있는 일본의 '야쿠자' 조직일 것이다. 만일 야쿠자 조직의 일원이 실수를 저지르면 자신의 실수를 만회하기 위해 손가락을 잘라야 하는 경우도 종종 있다. 손가락을 잘라야 한다고 상상해보라. 겁쟁이들은 실수로 몸에 생채기가 나거나 뜻하지 않게 핏자국만 보아도 죽음을 떠올리고 벌벌 떨기 마련이다. 물론 야쿠자는 우리와 다른 사람이다. 이들은 무서운 범죄 집단의 일원으로 감옥에 가거나 경찰에 걸려들지 않으려면 다른 선택이 없다. 따라서 살아남기 위해 자신이 속한 범죄 조직에 충성을 다해야 한다. 물론 손가락을 자르는 일은 엄청나게 고통스럽겠지만 (사실 미친 짓이다) 어떤 상황에서는 그럴 수밖에 없다.

충성을 보여주는 것은 이후에 범죄조직에서 살아남기 위해 중요한 토대를 쌓는 것이기 때문이다.

하지만 스스로 신체의 일부를 훼손하는 방식으로 야쿠자 조직원이 얻는 이익은 무엇일까? 그 이익은 사실 엄청나다. 그는 자신이 행동에 책임을 진다는 것을 만천하에 보여줌으로써 자신의 생존을 보장받을 수 있고 또 충성심을 증명함으로써 미래의 범죄활동을 위한 기반을 얻게 된다.

나는 동물의 세계에도 이러한 예나 유사한 행동이 있는지 오래 전부터 생각해 보았으며 이 문제에 대해 동물행동학자들에게 자문도 구했다. 동족이나 자신이 속한 집단에게 자신의 충성심을 보여주기 위해 스스로 자해하는 종이 인간 이외에 다른 동물이 과연 존재하는가? 그 답은 물론 '없다'였다. 주로 새끼를 보호하기 위해 동물의 어미가 보여주는 희생이라는 것도 범죄활동을 지속하기 위해 조직원이 점점 가혹해지는 시험 속에서 보여주는 이이상한 자기희생과는 비교할 수 없다. 물론 동물의 세계에는 범죄라는 개념이 존재하지 않지만 동물의 세계에서 예를 들어 늑대가 자신이 저지른 실수를 행동으로 만회하기 위해 자신의 발톱을 뽑는 일이 가능할까? 그것은 확실히 아니다. 그런 일이 기술적으로 가능하지도 않지만 그런 정신 나간 생각이 늑대의 머릿속에 떠오르지도 않을 것이다.

레싱G. F. Lessing의 우화 '사슴과 여우'를 보면 여우가 사슴에게 용감해지기를 요구한다. 여우는 사슴에게 자신이 얼마가 강하고 큰 동물인지 깨달아야 하며 작은 개 따위의 동물에게 쫓겨 달아나는 짓은 그만두어야 한다고 설교한다. 또 사슴에 비해 여우 자신은 너무나 약해서 저항할 힘조차 없는 동물이기 때문에 사슴이 놀라 뒷걸음칠 이유가 전혀 없다고 말한다. 이 말을 듣고 사슴은 곰곰이 생각하기 시작했고 이야기는 다음과 같이 이어진다.

그래요, 나는 한 번도 그걸 생각해보지 못했네요.

사슴이 말했다.

지금부터는 개가 좇아오고 사냥꾼이 나를 공격해도 가만히 있겠어요.

지금부터는 모든 이에게 저항하겠어요.

하지만 불행히도 다이아나(사냥의 여신, 사냥꾼을 지칭 - 옮긴이) 여
신의 손이 개를 끌고 가까이 나타났네.
개가 짖기 시작했고 숲에 개들의 울부짖음이 들리자마자
연약한 여우와 힘센 사슴은 동시에 달아났다네.
자연이 하는 일은 힘을 증명하는 것보다
더 위대하다네.

사슴은 자신이 힘센 동물임을 자각하고 그에 따라 행동할 수
도 있었지만 막상 때가 되자 본성을 버리지 않았다. 그렇게 한 것
은 물론 사슴에게 이로운 결정이었다. 자연과 자연선택에 따른
진화는 생물체에게 용기가 아니라 위험한 세상을 헤쳐 나갈 능력
을 주었다. 용기는 종종 살아남는데 방해만 될 뿐이다.

겁쟁이는 조롱을 감수하고 살아남는다. 자신을 비웃는 자들에
게 굳이 용기를 증명하려는 사람은 이 때문에 더 이상 아무에게
도, 아무것도 보여줄 수 없는 때가 올 수도 있음을 염두에 둬야
한다. 슬프지만 적지 않은 사람이 자신이 가진 그 무엇을 타인에
게 보여주기 위해 위험한 모험에 뛰어들기도 한다. 군대를 조직
하고 전쟁을 일으키는 사람도 이에 속한다.

전쟁이 일어났는데 아무도 나서지를 않는구나

　위의 문장은 브레히트가 한 말이라고 잘못 알려진 것으로 오늘날까지도 평화운동가들 사이에 많이 쓰이고 있지만 그 뜻이 여러 오해를 불러일으키고 있다. 자세한 내용에 대해서는 얘기하지 않겠다. 다만 이 문장을 앞으로 논의할 주제에 대한 실마리로 삼고자 한다. 양측의 '전사들'이 완전히 갖추어져야만 전쟁을 시작할 수 있다는 것은 고루한 생각이다. 한 국가의 우두머리가 다른 나라의 우두머리에게 전쟁을 선포하면 그때부터 양측에서 전쟁에 필요한 군인을 모으고 바야흐로 비극은 시작된다. 그런데 양쪽 다 전쟁에 나설 병사를 모으지 못한다면 무슨 일이 일어나겠는가?

　이마누엘 칸트Immanuel Kant, 1724~1804는 겁쟁이를 옹호하는 것과 거리가 먼 '의심할 바 없는 사색가'였고 도덕주의자였지만 동시에 인간의 본성을 명철하게 꿰뚫고 있었던 위대한 철학자의 한 사람으로서 그가 쓴 《영구평화론》(1795)에서 다음과 같이 서술했다.

　상비군 제도를 폐지하는 것은 빠를수록 좋다. 항상 준비된 무장을 하고 있는 나라 때문에 이웃나라는 끊임없이 위협을 느낀다. 한계를 모르고 상대를 힘으로만 누르려고 하는 무장한 군대는 이웃나라를 끊임없이 (도발하고) 평화를 해침으로써 짧은 전쟁보다 더 큰 압박을 가져다준다. 이 때문에 지속적인 위협을 제거한다는 구실을 빌미로 삼은 선제공격이 전쟁의 직접적 원인이 된다. 또한 전쟁 중에 사람을 죽이거나 총알받이가 되게 하기 위한 목적으로 고용된 용병은 다른 사람의 (국가의) 손에 조종되는 전쟁 도구나 기계에 지나지 않는다.

위는 무장해제를 탄원하는 의미로 쓰인 글이었다. 현재의 칼리닌그라드Kaliningrad(과거 쾨니히스베르크Königsberg)이며 과거 독일제국의 도시에 살던 철학자 칸트가 끊임없이 무력을 축적해가며 전쟁을 일으키는 오늘날의 세태를 당시에 짐작이라도 했다면 통탄했을 것이다. 또한 오늘날의 '전쟁에 대비한 무장의 정도'를 안다면 무덤 속에서도 수없이 돌아누울 것이다. '전쟁이 일어났는데 아무도 나서지를 않는구나'라는 문장은 다음과 같이 수정되어야 한다. 즉 '미심쩍은 이념을 위해 생명을 기꺼이 희생하려는 이가 아무도 없다면 전쟁도 없다.' 아무리 권력에 굶주린 범죄적 정치가나 황제 또는 왕이 전쟁을 일으키려고 해도 전쟁을 기피하는 겁쟁이가 많다면 전쟁은 성립할 수가 없다. 현실적으로 타당치 않게 들릴 수도 있겠지만 우리의 역사와 현재를 자세히 들여다보면 이 세상에는 전쟁 구호로 가득한 '지배자'의 뜻에 따라 흔쾌히 전쟁에 동참하려는 사람이 가득하다. 이것은 우리가 어릴 때부터 비겁자라고 불리는 것이 수치라고 교육받아 온 결과이기도 하다.

물론 영웅들 사이에서 겁쟁이들은 그다지 편안한 삶을 누리지 못한다. 하지만 겁쟁이가 다수를 차지하게 된다면 상황은 달라질 수 있다.

인간들 중에서 굴욕적인 복종과 같은 역겨운 예를 보이는 사람도 꽤 있다. 이들은 내가 예찬하는 비겁함과는 거리가 먼 사람이라는 점을 나는 다시 한 번 강조하고 싶다.(이들을 어떻게 예찬할 수 있겠는가?) 내가 하는 말을 보다 구체적으로 이해할 수 있도록 예를 하나 들어보겠다.

독일의 동물학자였던 발터 아른트Walther Arndt, 1891~1944는 제3제국의 지배 하에서 국가를 비난했다는 죄목으로 사형을 받고 처형되었다. 제3제국은 국가모독죄가 횡행하던 시기로 발터 아른트는 그 시대의 수많은 사람의 운명을 대변하는 본보기로서 제2차 세계대전이 끝난 지 수십 년이 지난 지금도 여전히 기억되고 있다. 아른트는 나치의 국가사회주의(계급투쟁을 부정하고 자본주의의 폐단을 국가권력의 개입으로 해결하려는 사상. 특히 독일 나치스의 이념을 가리킨다. - 옮긴이)에 반대하는 뜻을 갖고 있었고 그 사실을 친구나 동료에게 숨기지 않았다. 이는 별로 현명하지도 조심스러운 처사도 아니었다. 1943년 어느 날, 아른트는 젊은 시절 한때 친구로 지내던 여자를 우연히 만나 독일의 상황이 얼마나 끔찍한지를 전하며 나라의 종말이 가까워오고 있다고 푸념했다. 그러자 그 여자는 베를린의 비밀경찰에게 아른트를 고발해버렸다(아른트가 내뱉은 말은 독일제국의 '몰락'을 가져올 수도 있는 엄격히 금지된 표현이었다. 하지만 독일제국은 이후 다른 이유로 '몰락'했다). 두 달 후 아른트는 역시 우연히 만난 도청전문가였던 한 동료에게 또다시 비판적 발언을 했다. 그 동료도 역시 아른트를 고발하기에 이른다. 그것으로 아른트의 운명은 결정되었다. 아른트는 법정으로 불려가 사형선고를 받았고 살려줄 것을 호소하는 탄원에도 불구하고 결국 처형되었다. 게다가 얼마 후 아른트의 여동생은 그동안의 법정 비용이 담긴 청구서까지 검사에게서 받았다. 그 전체 비용은 396.32마르크(삼백구십육 마르크 삼십이 페니히Pfennig – 옮긴이)에 달했다. 이 부분은 더 이상 자세히 말하지 않겠다(이해할 수 없는 몰상식은 설명한다고 해서 이해가 되는 것이 아니다).

개인적으로 친분이 있으며 특별히 증오할 이유도 없는 사람을 범죄적 권력기관에 고발해 기어이 희생시키고야 마는 사람의 마음속에는 (사실 마음이 있기는 한 것일까?) 도대체 무엇이 들어 있는지 자문하지 않을 수 없다. 이들에게는 '비겁한 돼지'라는 표현조차 분에 넘친다. 자신이 침묵을 지킨다고 해서 위험에 처하는 것도 아닌데 말이다(게다가 동물학적 관점에서 볼 때 돼지는 실제로 그렇게 행동하지 않는다).

아른트의 젊은 시절 친구였던 (실제로 친구였는지 증명되지 않았다) 여자는 아른트의 불평을 듣고도 모른 척할 수도 있었다. 하지만 불행히도 대부분 독재적이며 범죄적인 제국은 곧장 도망칠 만큼 겁이 많은 것도 아니고 그렇다고 제국에 맞서 떳떳하게 대항할 수 있는 용기도 없는, 그저 따르기만 하고 굴종에 길들여진 수많은 사람에 의해 지탱된다. 계급 질서의 원칙을 아는 사회적 존재로서의 인간은 특정한 상황이 되면 기꺼이 복종이라는 선택을 해왔음은 행동학에서는 오래 전에 알려진 사실이다.

이러한 상황에서 인간이 이방인이나 계급이 낮은 인간을 대하는 태도는 거의 잔혹함의 수준에 가까워지기도 한다. 대부분의 인간은 아무 곳에도 소속되지 않고 마차의 5번째 바퀴(마차 뒤에 묶여 있는)로 남아 있는 것을 견디지 못한다. 특히 한 사회에서 자신의 위치가 그다지 견고하지 않은 사람은 어떤 이념이든 쉽게 받아들이는 경향이 있는데 특정한 이념을 받아들이면 '외로운 늑대'로 남아 있지 않고 그 사회 안에서 안정된 위치를 얻어 자신의 기능을 발휘할 수 있기 때문이다. 사회문화적으로 다른 집단 사이에 적대감이 생기는 큰 이유는 '세계'에 대한 해석의 차이에서 온다. 자신의 정체성을 굳히기 위해 자신의 '세계'를 다른 사람에게 강요하려는 태도는 곧 자기민족중심주의와 외국인 혐오로 이어진다.

생존 게임에서 낯선 것에 무조건 신중하게 접근하는 태도는 당연하고 또 적절하다. 이는 우리의 생물사회적 본성 때문이다. 그런데 특정한 이념적 조류潮流가 개입될 때 이러한 경향은 외국인 혐오로 변질될 수 있으며 우리가 과거와 현재의 역사에서 경험해

온 대로 극단으로 치달을 수도 있다. 마찬가지로 자신이 속한 사회에서 정체성을 찾고자 하는 것은 인간의 생물, 사회적 본성이지만 그렇다고 해서 어떤 사회가 더 '올바른' 것인지 인간이 공정하게 판단할 수 있는 것은 아니다.

국가사회주의에 기대어 자신의 정체성을 찾으려고 시도하고 결국 거기서 정체성을 발견한 사람들은 잘못된 선택을 함으로써 지금까지 인간의 역사에서 가장 치명적인 범죄를 직간접적으로 지지한 셈이 되었다. 이 사실을 우리가 지금은 잘 알고 있다. 하지만 1930년대에는 많은 사람이 국가사회주의에 대해 다른 시각 즉 보다 긍정적인 생각을 하고 있었다. 당시의 관점으로 이 독재 세력을 범죄자로 단정한다는 것은 매우 어려웠다. 만약 내가 그때 스무 살이고 국가사회주의에 모든 희망을 걸고 있는 무리에 둘러싸여 있었다면 어떤 선택을 했을지 나도 알 수 없다. 하지만 다른 한편으로 모든 종류의 이데올로기에 대해 회의적인 시각을 가진 사람은 '유죄'의 위험에 빠질 가능성이 낮다는 것을 확신한다. 이데올로기를 위해 우리가 영웅이 될 필요는 없다. 사람들이 뒤로 조용히 물러서서 위험한 이데올로기가 확장하는 것에 어떠한 도움도 주지 않는다면 (모든 이데올로기는 어느 정도 위험하다) 자신의 뜻대로 살아갈 수 있다.

그러므로 '전쟁이 일어났는데 아무도 나서지를 않는구나…….'가 가능한 것이다. 인간과 가장 가까운 극소수의 영장류(침팬지)

를 제외하고 인간은 영장류 중에서 동족끼리 전쟁을 벌이는 유일한 종이다. 적어도 척추동물의 세계에서는 그렇다는 말이다. 흰개미나 다른 개미들의 세계에도 그들끼리 전쟁이 벌어지기는 하지만 그것은 또 다른 이야기이다. 동물의 세계에서 동족끼리 서로 죽고 죽이는 것은 이제 더 이상 새로운 사실이 아니다. 하지만 동족의 다른 무리에 맞서 전쟁이나 이와 유사한 집단적 폭력을 행사하는 것은 인간 사회에 특히 발달되어 있다. 전쟁을 야기하는 인간의 비극은 차치하고라도 전쟁에 참여하는 개인에게 얼마나 큰 희생이 요구되는가를 생각해 보면 (생각해보지 않을 수 없지만) 호모 사피엔스(사피엔스는 슬기롭다, 지혜롭다는 뜻이다. – 옮긴이)인 우리가 과연 이름만큼 칭찬받을 만한 가치가 있는지 의문이다. 물론 전쟁을 치른 뒤 이익을 얻는 자는 항상 따로 있으며 이들은 대체로 '안전한' 쪽에 속하지만 반면에 스스로 그 전쟁의 제물이 될 가능성도 매우 크다. 전쟁통에 살아 남았거나 때가 왔을 때 주저하지 않고 전쟁터를 탈출한 사람은 그러므로 최상의 선택을 한 것이다.

많은 사람이 제1차 세계대전이나 제2차 세계대전 때 전쟁에 참여하지 않은 것에 대해 (그 이유가 무엇이든 간에) 후회하는 것을 보는데 나는 이들을 도무지 이해할 수 없다.

유전과학자였던 리처드 골드슈미트_{Richard B. Goldschmidt, 1878~1958}는 제1차 세계대전이 일어날 무렵 일본에서 공부하다가 여러 나라를 돌아 미국에 도착했지만 그가 그리던 독일 땅을 살아서는 밟지 못했다. 그는 자서전에서 다음과 같이 기술했다.

군국주의자와는 전혀 상관없는 나였지만 전쟁의 소식을 듣자 조국과 운명을 함께 나누지 못한다는 사실 때문에 마치 사회적 추방자가 된 느낌이 들었다. 전쟁에 동참하고 싶은 열망이 마음속에서 끓어올랐다.

참으로 어리석은 말이 아닐 수 없다. 이 글이 전쟁광이 쓴 것이 아닌, 인문학적 교육을 받은 학자의 글이라는 사실을 생각하면 더욱 그렇다. 물론 우리는 '조국에 대한 충성'이나 '병사의 명예'와 같은 용어가 당시에는 완전히 다른 의미를 지녔음을 잊지 말아야 한다. 그때의 사람들은 위와 같은 용어를 너무나 진지하고 말 그대로 받아들였기 때문이다. 사람에게 양심의 가책이라는 감정을 불러일으키는 것은 그다지 어려운 일이 아니다. 그러므로 전쟁 때 개인에게 가해지는 집단의 압력은 더욱 크게 느껴질 수밖에 없다.

나는 남보다 빨리 군인이 되고 싶은 생각이 전혀 없었다. 하지만 제복을 입은 동창이나 부상자들, 군복을 차려입은 사람들을 볼 때마다 마음을 짓누르는 일종의 열등감을 느꼈다. 또 내 이성과는 상관없이 그들을 볼 때마다 양심의 가책을 느끼지 않을 수 없었다.

어딘가에 소속되고자 하는 사회적 존재로서의 열망이 여기서 중요한 역할을 한다. 열망 자체가 사실 나쁜 것은 아니다. 중요한 것은 자신이 편안함을 느끼고 소속되고자 하는 사회가 도대체 어떤 곳인가 하는 점이다. 어떤 사람에게는 그 사회가 국가사회주의 공동체이며 또 움베르토 에코Umberto Eco와 같은 사람에게는 이탈리아 플루트협회가 될 수도 있다.

물론 겁쟁이는 한 집단의 일원이 되기 전에 그것이 자신에게 어떤 이익을 가져올지 항상 질문하고 (이 집단이 나의 개인적 이익을 도모하는데 방해가 되지는 않을까?) 집단의 강령이 요구하는 생명을 위협하는 모험 속으로 주저 없이 뛰어들지는 않는다.

이런 사람은 기본적으로 개인주의자이며 다른 사람을 해치거나 다른 사람에게 피해를 입히려는 마음이 전혀 없다. 다음 장에서 우리는 이에 대해 보다 자세히 다룰 것이다. '전쟁이 일어났는데 아무도 나서지를 않는구나……'라고 맨 처음 말한 사람이 어떤 사람인지는 잘 모르겠지만(브레히트라고 주장하는 사람도 있지만 그것도 일종의 가설이라고 저자가 앞에서 밝혔다 – 옮긴이) 그 사람이 겁쟁이라는 것은 확실하다. 제1차 대전에 참전하려는 병사가 아무도 없었다고 가정해보자. 이 세계에는 놀라운 일이 벌어졌을 것이다. 역사학자이며 저술가인 오토 치어러Otto Zierer, 1909~1983는 언젠가 이에 대해 언급한 적이 있다.

엄청난 액수의 재산과 인간의 힘이 허무하게 탕진되었다. 전쟁이 끝난 후 계산해보니 전쟁에 쏟아 부은 비용으로 참전국이었던 프랑스와 영국, 독일, 이탈리아와 오스트리아—헝가리 제국 그리고 러시아의 모든 노동자에게 집 한 채와 소 한 마리를 각각 나누어 줄 수 있을 정도였고 참전국의 1만 명 이상이 사는 도시마다 병원을 하나씩 세울 수 있으며 인구 10만 명 이상의 도시마다 대학교를 하나씩 설립할 수 있었다고 한다. 전쟁에 들어간 직접 비용은 약 7,320억 마르크에 달했으며 간접비용은 약 6,060억 마르크였다고 한다. 또한 4년의 전쟁 동안 유럽에서 죽어간 사람들을 모두 합치면 이탈리아의 나폴리에서 스웨덴의 스톡홀름까지 세 줄로 세울 수 있을 정도였고 이들이 흘린 피는 나이아가라 폭포에서 3일 동안 쏟아져 내린 물의 양과 같다.

위에서 묘사된 비교나 그 수치가 얼마나 정확한지 나도 확인할 길이 없지만 제1차 세계대전이 엄청난 재앙이었다는 것은 분명하다. 하지만 20년 후 이보다 더 큰 재앙이 유럽과 다른 세계를 덮쳤다. 수백만의 젊은이가 용감하게 전쟁터로 나가 목숨을 잃었으며 자신을 바쳐 지키려 했던 조국으로 다시는 돌아오지 못했다. 총탄에 죽은 병사도 있고 폭행을 당하거나 사지가 찢겨 죽은 이도 있으며 어떤 병사는 칼에 찔리거나 탱크에 깔려 목숨을 잃기도 했다…….

202

전사한 이들의 고향에 세워진 전쟁기념관에는 그들의 이름이 올라 있다. 또 이름 아래에는 '전사'라든가 '실종'이라고 적힌 무의미한 설명이 덧붙여 있다. 이들 중에 (대부분은 아주 젊었다) 아무도 전장에 나가려는 이가 없었다고 가정해보자. 전사한 사람 중에서는 다른 사람에게 커다란 도움을 줄 수 있었던 사람도 있었을 것이고 과학 분야에서 뛰어난 업적을 거뒀을 사람도 있었을 것이며 철학적 명제를 해결하거나 훌륭한 음악을 작곡하거나 수백만의 사람이 즐길 수 있는 재미있는 책을 쓸 수 있었던 사람도 분명 있었을 것이다. 우리에게는 죽은 영웅은 너무나 많고 살아 있는 겁쟁이는 너무도 적다…….

냉소적으로 말하면 전쟁에 스스로 참여했거나 즐겁게 전쟁터로 나간 병사는 자신의 운명에 닥칠 일을 예상하고 있었으므로 (자신의 죽음에 대한 어느 정도의 가능성) 그저 내버려두는 것이 좋다. 하지만 모두 자유의지에 따라 전쟁에 참가하는 것은 아니며 전쟁터에서 죽음을 원하는 병사는 더더욱 없다. 또한 적군이라 해도 죽음을 원하는 병사가 없기는 마찬가지다. 역설적으로 바로 이런 이유 때문에 전장에서 살육전이 벌어진다. 만일 전쟁을 하는 양쪽이 둘 다 전쟁의 부질없음을 깨닫는다면 수많은 목숨을 건질 수 있을 것이다. 물론 나는 나의 주장이 새롭다거나 독창적인 것이 아님을 잘 알고 있다. 하지만 인간이 지닌 통찰력에도 불구하고 왜 세상에는 전쟁이 끊이지 않는 것일까?

그렇다면 전쟁의 경우는 차치하고라도 적어도 일상의 특정한 상황과 마주쳤을 때 우리가 용기를 보여주면 안 되는 것일까? 연약한 여성이 강간당하고 아이들이 학대에 시달리는 상황에서도 우리가 외면해야 할까? 물론 대답은 '아니다'이다. 하지만 논점이 너무 빠르게 진행되고 있는 것 같아 먼저 아주 근본적인 질문부터 시작해보자.

시민적 용기는 어디에 있는가?

지난 사례에서 보았듯이 동물은 기본적으로 자신의 삶과 생존의 문제에 관한 한 아주 조심스럽게 처신한다. 위험이 닥치면 도망가거나 위장하거나 여러 가지 방법으로 자신을 보호하며 필요한 경우에는 굴종하는 방법을 택하지 자기보다 힘센 동물에게 죽임을 당하는 방법을 선호하지 않는다.

많은 경우에 비겁함과 용기 사이의 중도를 선택하는 것이 좋다. '진정한 겁쟁이 개'는 견공들의 시합에 나갈 때마다 질 수밖에 없다. 또 심판을 향해 으르렁거리는 개도 경쟁에서 탈락할 것이 분명하다. 그러나 개를 경기장에 모으는 것은 '비자연적'인 것이다. 1백여 마리가 넘는 개체가 모여 자신의 능력을 평가받는 일이 자연 어디에서 일어날 수 있다는 말인가? 개는 사냥이나 결투, 전쟁을 위해 또는 눈먼 사람을 위한 것과 같은 여러 가지 이유로 사람에 의해 길들여져 왔다. 또한 사람들은 개끼리 경쟁시켜 자신의 능력을 평가받으려 한다. 그렇게 해서 인간이 결국 자신을 평가하는 셈이다. 개들의 경기에서 열등하다고 평가된 개는 바로 개 주인의 무능력을 나타낸다. 반대로 개가 경기에서 이기면 그 주인은 자부심을 느낀다. 어떤 사람은 덩치가 크고 무섭게 생긴 개를 데리고 산책을 나가 자신이 겁이 많음을 숨기려 한다. 하지만 이런 행동 자체가 자신이 겁쟁이임을 사람들에게 보여주는 것에 지나지 않는다(사실 여러 가지 기술적인 문제만 없다면 인간 중에 시베리아 호랑이를 데리고 산책하려는 이도 적지 않을 것이다).

결국 용기란 상대적인 개념이다. 엄청난 비행공포증Flugangst이 있음에도 비행기에 오르는 사람은 커브 길을 200km 이상 주행하는 것을 다반사로 삼는 카레이서보다 용감하다고 볼 수도 있다. 또한 주어진 상황에서 자신의 상관에게 생각하는 것을 그대로 말할 수 있는 사람도 '진정한 영웅'이다. 자신의 행동이 불러올 예측 불가능한 결과를 감수하기 때문이다. 이에 비해 경기할 때마다 어마어마한 액수의 돈을 벌어들이는 권투 선수는 코뼈가 부러진다든가 하는 부상을 어느 정도 예상하고 링에 오른다(부상을 입는다고 해서 선수의 명성이 해를 입지는 않을 것이다).

새로운 텔레비전 범죄 드라마는 점점 더 심각한 범죄를 보여준다(여자들조차!). 이들은 영웅이라기보다 '반영웅'에 가까우며 데리히Derrich(독일 텔레비전 시리즈물에 나오는 탐정 – 옮긴이)보다 도덕적으로 더 결함이 많은 인물로 묘사된다. 이들은 개인적인 문제를 안고 있고 수사 도중에 실수를 하기도 하며 가끔씩 '너무나 휴가에 굶주린' 듯한 인상을 주기도 한다. 어쩌면 그것이 탐정의 실제 삶에 더욱 가까운 모습일 것이다. 그러나 지금 우리에게 중요한 것은 그런 것이 아니다.

나는 (여기서 이전 장에서 언급된 부분이 다시 등장한다) 정치나 공직에 있는 이들과 달리 자신의 행동을 합법화할 수 없는 사람들이 개인적으로 불의에 대항하여 국가 권력기관에 맞설 수 있는 용기를 보여줄 수 있다는 것에 큰 흥미를 느낀다. 시민적 용기란 개인이 일반적으로 국가나 초국가 기관 또는 여타 조직에 맞서 대항하는 것을 포함하는 행동이다. 이 경우 개인은 자신의 태도의 귀결로 (어떤 경우에는 집단의 태도) 부정적인 결과에 이를 수도 있다. 이를테면 정치적 불의를 파헤치는 것이나 '자연을 거스르는 범죄'에 대항하는 행동을 할 경우이다. 잘 알려진 대로 거대한 정치, 경제 스캔들은 대부분 기자가 폭로한다. 이 사실에 어떤 독자는 어깨를 으쓱하며 말할 것이다. '그게 기자가 하는 일이잖소'라고. 그렇지만 특정한 기관이나 개인을 공격함으로써 기자는 자신의 직업이나 명성은 물론 목숨까지 위험할 수도 있다. 마피아 조직이나 정치, 경제의 거물의 비리를 폭로하는 것은 상당히 위험한 일이다. 우리는 예나 지금이나 이에 대한 사례를 자주 볼 수 있다.

이 책에서 줄곧 비겁함을 찬양해 왔던 내가 시민적 용기에 대해 이야기하는 것이 과연 일관성이 있는 것인지 어떤 독자는 의문을 품을 수도 있겠다. 자신의 목숨을 보전하는 것이 인생에서 가장 중요한 것이라면 정치적 부패나 실정을 목격하더라도 그저 머리를 모래 속에 파묻는 것이 현명한 처사가 아닌가? 침묵을 지키는 대가로 금품을 받고 편안하게 사는 편이 반역을 일으키고 이 때문에 위험에 처하는 것보다 훨씬 낫지 않은가?

더구나 하나의 추문을 폭로한다고 해서 다른 추문이 없어지는 것이 아님을 우리는 너무도 잘 알고 있지 않은가?(아무리 순진한 사람도 그 정도는 알고 있다.) 하나의 추문은 또 다른 추문을 불러오고 그 부패한 정치가는 사임한다. 그렇지만 후임자라고 해서 높은 도덕성을 갖추었다는 보장은 없다. 마키아벨리의 원칙을 진지하게 생각해본다면 이런 사실에 우리가 그렇게 놀라거나 화를 낼 필요가 없음을 알게 될 것이다.

이제 시민적 용기와는 좀 다른 일상적 용기라는 주제로 돌아가 보자. 겁쟁이인 내가 강간이나 아동학대와 같은 현장을 목격했다면 어떻게 행동할 것인가? 가해자는 어쩌면 나에게 해를 끼칠 수 있고 내가 단순히 용감하게 행동한다고 해서 아녀자나 어린이를 도울 수 있는 것도 아니다. 하지만 최소한의 원칙은 있다. 이 상황을 외면하지는 말 것! 구조를 요청하거나 도움이 될 만한 사람을 불러올 것! 또한 그 '돼지' 같은 녀석에게 힘없는 사람에게 고통을 준다면 반드시 응징을 받게 될 것이라는 점을 주지시키는 방법도 있다. 위의 행동은 대개의 경우 큰 도움이 될 수 있다.

여기서 나는 분명히 말한다. 겁쟁이는 자신의 목숨이 달아날까 무서워 모든 것을 받아들이는 사람이 아니다. 하지만 자기 목숨을 잃는 것에 대한 두려움을 잘 알고 있으므로 다른 이(사람뿐 아니라 개나 고양이도 포함된다)의 두려움도 잘 이해할 수 있다. 이 때문에 타인에 대한 연민과 돕고자 하는 마음을 키울 수 있다. 그렇지만 겁쟁이는 곤경에 처해도 가능하다면 자신이 할 수 있는 것과 할 수 없는 것을 판단해서 이에 따라 행동하려 한다. 따라서 희생자에게 피해가 될 수 있는 일은 피한다. 물론 직업적 싸움꾼은 용감하게 행동한다. 클린트 이스트우드Clint Eastwood가 역할을 맡은 캘러한Callahan 경사는 거리의 '쓰레기'들을 총으로 모두 쏴 버린다. 그러면 강간범이나 아동학대범도 단숨에 해치워버릴 것이다.

물론 현실은 이와 약간 다르다. 하지만 텔레비전을 지켜보는 사람들이 캘러한에게 동질감을 느낀다는 점은 아주 중요한 사실로서 그 역할이 그와 같이 행동하고 싶지만 실제로 그렇게 할 수 없는 많은 사람의 심정을 대변해주기 때문이다(우리의 현실에서는 캘러한처럼 행동하는 것이 금지되어 있다).

사실 우리가 멀쩡한 의식을 가지고 가능한 한 오래 살고 싶음을 깨닫기만 해도 우리는 이미 많은 것을 성취한 셈이다. 우리는 선동가의 말에 현혹되지 않고 삶에 대한 자신의 관점이 세상 모든 사람에게 통용되는 것은 아닐지라도 적어도 우리 자신에게는 유일하게 올바른 것임을 자각해야 한다.

06 Chapter

광신에
맞서

무리가 한꺼번에 움직이기 시작하고 지성에 어둠이
드리워지면……
대문 안으로 들어가 날씨나 살피는 것이 낫다.
— 프리드리히 니체(Friedrich Nietzsche)

법을 파괴하고 살아남는 것, 여기선 이것만이 전부이다.
— 조지 오웰(George Orwell)

인간은 끊임없이 새로운 관념을 만들어 내고 그 관념을 지키려 한다. 우리는 또한 이 세상에서 무엇이 옳고 그르며 무엇을 해야 하고 하지 말아야 하는지에 관한 고정관념을 가지고 있다. 나아가 생명의 가치를 판단하는데도 자신이 지닌 고정관념을 벗어나지 않으려 한다. 도덕 개념은 어떤 형식으로든 인간 세계에 보편적으로 존재하며 모든 민족과 문화에 깃들어 있는 것으로 확인되었다. 우리는 보통 자신이 속한 문화 집단의 가치를 다른 집단의 그것보다 높이 평가하는 경향이 있다. 민족중심주의의 기본 특징은 자기 민족의 문화를 과대평가하고 종종 아무런 근거 없이 다른 문화를 깎아 내리는 것이다. 이러한 '이분법적 사고'로 우리는 타인과 다르며 '이방인'보다 우월하다고 생각한다. 지금은 매우 드물게 사용되지만 '미개인Naturvölker'이라는 용어도 바로 이러한 태도를 잘 드러낸다. 이 용어에는 문화라고는 찾아 볼 수 없고 '야생'이고 '날것'이며 '교양이라고는 없는' 사람이라는 경멸의 뜻이 내포되어 있다. 오늘날에는 정치적으로 올바르지 않다고 판단되어 그 대신 다른 이름으로 부르고 있지만 (예, 수렵사회) 그렇게 부른다고 해서 실제로 이들('미개인')에게 도움이 되는 것은 아니다. 결국 이들은 공격적인 산업사회의 희생양에 지나지 않는다.

민족중심주의는 광신으로 전이되면서 위험한 양상을 띤다. 자신이 올바르다는 신념과 자신이 속한 문화의 가치체계가 정당하다는 확신이 결합되어 다른 것은 모두 배척하고 이방異邦의 모든 것을 적대시한다.

광신적인 지도자의 설교에 힘을 얻은 사람들이 그들의 믿음에 근거하여 특정한 민족이 다른 민족에게 가한 잔학한 행동의 예는 셀 수도, 셀 필요도 없이 많다. 광신자들은 자신의 문화에 속한 주요한 도덕 개념을 전체로 받아들이지 않고 그들이 절대적으로 옳다고 생각하는 특정한 부분만 줄기차게 믿고 따르며 스스로 사고의 범위를 제한한다.

광신적인 채식주의자가 육식을 하는 사람의 돼지고기구이에 침을 뱉는다거나 이들을 살육자로 손가락질한다. 또 광신적인 반反흡연주의자는 (이들 중 다수가 과거에 지독한 골초였기도 하다) 흡연금지 구역에서 담뱃불을 켜는 사람을 보면 곧바로 경고문을 가리

키며 강력한 제재를 요구한다. 한편 일상의 도덕이 실종되었다고 불평하면서 다른 사람에게도 자신과 같은 금욕적인 삶을 강요하는 '순수'의 옹호자를 자처하는 광신자도 있다. 다른 종교를 믿는 사람이나 '이단자'의 머리 위에 기름을 끼얹고 불을 붙이는 것을 아무렇지도 않게 생각하는 종교적인 광신도도 있다. 도대체 무엇이 한 사람의 일생을 광신으로 몰아가는지는 여기서 논의하지 않겠다. 단지 심리학과 행동학이 일러준 대로 인간은 왜곡을 잘하는 동물이며 온갖 종류의 독단과 이론에 쉽게 현혹되며 자신이 속한 무리와 결탁하여 다른 집단에 대한 적대감을 키우고 새로운 적을 만들어내는 성향이 뿌리 깊다.

이러한 극단적인 광신에 반대의 목소리를 낸 철학자 중 위대한 선각자이며 서양철학의 역사의 빛나는 별인 볼테르(1694~1778)가 있다. 인간행동에 대한 전문적인 지식이 없이도 볼테르는 위험한 몰상식으로 치달을 수 있는 인간이 우리 중에 얼마나 많은지 간파했으며 이러한 성향이 얼마나 끔찍한 결과를 가져올 수 있는지 꿰뚫어 보았다.

(나는) 사람들이 서로 헐뜯고 미워하며 고발하고, 말도 안 되는 이유로 칼에 찔려 죽거나 교수형을 당하거나 바퀴에 치여 죽거나 화형에 처해지는 것을 본다. 나는 이렇게 말하고 싶다. 이토록 잔인한 시대에 만약 현자가 살아 있다면 그는 오지에 가서 살다가

죽는 길을 택할 것이다.

이것이 이성을 믿었으며 이성에 기반을 둔, 더 나은 미래를 확신했고 스스로 실천을 통해 널리 알려진 관용과 휴머니즘의 선구자로 살았던 '전사' 볼테르가 한 말이라고 하나 나는 그가 상당히 체념적인 어조로 말했다고 생각한다. 그러므로 몇 세기가 지나도 사람들이 여전히 이해할 수 없는 사소한 이유로 서로 헐뜯고 미워하며 고발하는 것을 볼 때 참담함을 느끼지 않을 수 없다. 이렇게 된 것은 한 번도 자신을 소중히 여길 줄 모르고 정치나 종교 지도자가 자신의 삶의 가치를 평가하도록 내맡겨왔기 때문이 아닐까? 나는 이 장에서 이 질문에 대한 답을 찾아보려 한다. 어쩌면 나의 해답이 인류가 사고思考해온 역사의 깊은 곳에서 비롯된 추상적, 도덕철학적 사고방식에 갇혀 있는 사람에게는 불쾌하게 느껴질 수도 있겠다. 그러므로 개인적인 인생관을 모두 의심스런 눈초리로 흘겨보는, 절대적 가치나 규범의 옹호자나 기존 종교의 숭배자 또는 목적의식이 있는 세계질서의 추종자에 대해서도 이러한 맥락에서 되짚어 볼 필요가 있다. 나는 개인주의를 어떠한 가치보다 우선시하는 도덕적 개인주의의 옹호자로서 집단적 가치 때문에 개인이 희생당하는 것을 분명히 반대한다.

자신의 달팽이집 속에서 안락하게 살기

'달팽이집'은 달팽이의 몸을 둘러싼 껍데기로서 안쪽의 부드러운 몸체를 감싸고 있어 집으로 불린다.

10만이 넘는 달팽이 종의 다양한 달팽이집에 대해 여기서 일일이 설명할 수는 없다. 중부 유럽에 살고 있는 사람들에게 널리 알려져 있는 포도넝쿨달팽이는 우리가 어떻게 자신을 감싸주는 집의 보호를 받으며 생활하고 생존해 나갈 수 있는가에 관한 상징적인 본보기가 될 수 있다. 건조한 계절이 다가오면 달팽이는 자신의 집 속으로 기어들어가 달팽이집 뚜껑을 닫은 다음 점액을 분비하여 입구를 단단히 봉한다. 겨울이 되면 포도넝쿨달팽이는 (종종 여러 다른 달팽이와 함께) 땅을 파고 들어가 껍데기 입구에 일종의 단단한 뚜껑으로 변화시키는 점액질의 석회성분을 분비한다. 이러한 방식으로 달팽이는 추위뿐 아니라 뒤쥐와 같은 포식동물에게서 자신을 보호한다.

달팽이는 느림을 상징한다('달팽이 속도'라든가 '달팽이 우편 서비스'와 같은 독일식 표현을 생각해보라). 그렇지만 달팽이집은 보호와 은둔의 은유로도 사용된다. 또 '달팽이집'이라는 표현은 문학이나 영화에서뿐만 아니라 여러 기관이나 조직의 이름으로도 사용되고 있다. '구글'에서 달팽이집을 검색해보면 모두 26만 건에 이르는 (!) 자료를 찾을 수 있지만 동물학적 현상과 관련된 자료는 미미하다.

　우리는 달팽이집이란 표현에서 대부분 보호라는 단어를 떠올린다. 자신의 달팽이집으로 숨어 들어간다는 표현은 바깥세상과 담을 쌓고 위험한 세상에서 자신을 보호한다는 의미이다. 물론 이러한 은둔은 상황에 따라 부정적 의미를 띠기도 한다. 자신만의 달팽이집에서 살아가는 사람은 주위와 어울리지 않으며 다른 사람의 욕망이나 슬픔 또는 고통에 상관없이 자족하는 삶을 누린다. 앞 장에서도 강조했듯이 나는 타인을 전혀 개의치 않고 주변 사람이 부당한 대접을 받거나 학대와 굶주림에 고통 받거나 아무런 잘못이 없는데도 위험에 내몰리어 다른 사람의 도움 없으면 그 상황을 벗어날 수 없는 것을 뻔히 보면서도 그들의 처지를 외면하는 사람을 두둔하려는 생각은 전혀 없다(오늘날 많은 사람에게서 이와 같은 태도를 볼 수 있다).

　그보다 나는 자신만의 정신적 달팽이집을 구축하여 이 세계에 재앙을 불러오는 다양한 형태의 정치적, 종교적 열광과 온갖 종류의 광신에 맞서는 것이 옳다고 생각한다.

　다른 관점에서 볼 때 (특히 우리가 살고 있는 시대에서) 자신만의 달팽이집에서 사는 것은 이로움이 많다. 나는 여기서 갈수록 정도가 지나쳐 사람을 어르고 달래며 바보로 만드는 멀티미디어와 황색 언론의 행태에 대해 말하고자 한다. 이들이 다루는 주제라고 해봤자 어느 황실의 누가 이혼을 했다거나 억만장자의 딸이 갑작스런 재정 위기에 처했다는 등 말 그대로 우리의 눈을 자극하는 가십거리뿐이다. 이런 한담은 우리와 전혀 상관없는 것이다. 이런 것은 삶의 질을 향상시키는데 아무런 도움이 되지 못하며 어쩌면 대중의 주목을 받기 위해 더 자극적인 기사를 필요로 하는 '뉴스 세계'가 만들어낸 가상의 현실을 좇기 위해 우리는 소중한 시간을 낭비하고 있다. 그 세계에 우리가 끼어들 필요가 어디 있는가? 대중매체나 여러 언론사를 뒷받침해주는 대가로 경제적 이득을 취하는 광고가 노리는 것은 결국 우리를 속이고 개인을 하찮은 존재로 끌어내리는 것이다. 대중 매체와 결탁한 정치는 위험하다. 이런 정치는 이른바 우월한 사람들 앞에서 입을 크게 벌리고 찬양이나 해대는 미성숙하고 머리가 텅 빈 바보나 양성할 뿐이다(가까운 예로 유럽연합이 선량한 시민의 복지를 희생시키더라도 자신의 목적에 부합하는 법률을 억지로 제정하는 것이 단지 시간문제임을 우리는 곧 알게 될 것이다).

그런데 대중매체 특히 텔레비전은 유명한 사람을 보통 사람이 볼 수 있게 해줌으로써 사람들에게 만족감을 선사한다. 이것은 볼테르의 시대에는 불가능했다. 그 시대의 지도자들은 감히 '닿을 수 없는' 존재였다. 물론 현대의 지도자도 대부분 어리석기 짝이 없는 '대중 속으로 뛰어들기'라는 구호를 앞세워 대중을 자기 편으로 끌어들일 목적이 아니라면 계속 범접할 수 없는 존재로 남아 있기를 선호할 것이다.

게다가 많은 정치가가 (적어도 민주주의를 표방하는 사회에서는) 대중의 표를 끌어 모으기 위해 '국민과 가까움'을 스스로 원한다. 물론 국민이 그들에 의해 '투표하는 기계'로 전락하고 만다는 사실을 알아채지 못하게 해야 한다. 여기서 이미 수많은 사람에게 비난받고 있는 정치가의 얘기는 그만 하겠다. 나는 사람들이 황실에서 일어나는 잡다한 일이나 파티에서 추태를 부린 유명한 축구선수의 행동 또는 여배우가 선호하는 상대와 같은 가십거리를 다루는 뉴스에 농락당하기보다 자신의 달팽이집에 은둔하여 살아가는 것이 더 현명하다고 생각한다. 달팽이집을 가지고 있지 않은 많은 수의 사람은 자신의 공허한 영혼을 달래기 위해 위와 같은 뉴스거리를 필요로 한다. 따라서 이들의 삶에 일어날 수 있는 최고의 사건이란 서글픈 일상의 긴장에서 벗어나 왕이나 왕비를 가까운 거리에서 만날 수 있는 기회를 갖는 정도이다. 내가 여기서 말하고자 하는 것은 이미 30년 전에 라파엘 레네Raphael Lenné가 두려움이라는 정신현상과 연결지어 설명한 적이 있다. 거기서 레네는 겨울 휴양지인 티롤Tyrol에 몰려든 독일 관광객에 대해 언급했다. 여기서는 그가 지적한 장소나 관광객의 국적은 별로 중요하지 않다.

티롤 지방을 찾은 관광객은 한껏 들떠 있었는데 이는 그들이 누리는 즐거운 휴가 때문만은 아니었다. 그렇게 흥분한 진짜 이유는 관광지로 선택한 장소가 네덜란드의 왕실 가족을 비롯해 여러 나라의 왕실 사람이 겨울휴가를 보내는 곳일 뿐만 아니라 수많은 유명 축구선수나 배우도 종종 찾아오는 곳이었기 때문이다. 레네는 다음과 같이 썼다.

> 집을 떠나 대중의 우상과 자신을 동일시할 수 있는 가능성이 생기게 되면 무의식적으로 스키를 타는 것만큼이나 즐거워진다. 마치 자신도 특별한 존재가 된 느낌이 든다.
> 이러한 자아의 중요성에 대한 깨달음은 일종의 자유의 느낌과도 같다……. 이러한 자유로움은 자신의 일에서 해방되었다기보다 자신을 둘러싸고 있는 직장상사나 책임감, 굴욕감에서의 해방이며 어떤 경우에는 결혼생활의 굴레에서의 해방감이기도 한다. '고삐 풀린' 휴가객은 집에서는 감히 내뱉지 못하던 괴성을 지를 수도 있다. 이성을 유혹하거나 어슬렁거리며 거리낌 없이 돈을 쓰기도 한다. 이것이 그들의 세계에서는 그야말로 천국인 것이다.

어떤 사람은 달팽이집을 떠나는 것이 자신의 인생에 커다란 도움이 된다고 생각할 수도 있다. 하지만 위에 묘사된 것과 같은 행락객(오래전부터 우리에게 익숙한 현실로 자리 잡았다)은 집에 있다고 해서 자신의 달팽이집 속으로 들어가는 것은 아니다. 위의 휴가객과 같은 사람은 대체로 직장에서 스트레스를 많이 받으며 평화와 행복이 가득한 삶을 누리지 못하는 경우가 많다. 그러므로 휴가 기간이나마 마음껏 즐기고 싶은 대로 하는 것이다. 겨우 1~2주 밖에 되지 않는 짧은 기간 동안 익명의 자유를 누리고 싶어 한다고 해서 그들을 경멸할 사람은 아무도 없다. 하지만 조용히 자신의 내면으로 들어갈 수 있는 달팽이집은 집에도 휴가처에도 없다. 한 사람이 달팽이집을 갖기 위해서는 특별한 성격 체계가 필요하다. 이해를 도울 수 있도록 짧은 일화를 하나 들어 보겠다.

하루는 빈 대학의 명망 있는 해부학 교수가 강의 도중 분필을 주우려고 몸을 굽히다가 그만 작지만 자연스런 실수를 저지르고 말았다. 그 소리는 강의실 맨 끝에 앉은 학생의 귀에까지 또렷이 들렸다. 그렇지만 이 무서운 교수 앞에서 소리 내어 웃는 학생은 아무도 없었다. 교수는 이 상황에서 자신의 행동에 대해 언급할 필요가 있다고 판단하고 다음과 같이 말했다.

"여러분, 방금 저는 명예를 잃은 대신에 건강을 얻었습니다."

이 문장을 좀 더 깊게 생각해보자. 그가 한 말을 통해서 우리는 교수가 평화롭고 자족하는 삶을 살았음을 짐작할 수 있다. 실제로 그는 100세 가까이 장수하다 최근에 타계했는데 내 주장의 좋은 증거가 될 수도 있겠다. 그 교수는 진정으로 잘산다는 것이 무엇인지 이해하고 있었고 자신의 달팽이집에 살면서 주위에 완전히 굴복하지 않는 삶을 영위했다. 나는 교수가 그 긴 한평생 동안 한 번이라도 미심쩍은 이념에 이끌렸다는 말을 들은 적이 없다.

물론 교수의 말은 '전형적인 빈식 농담'으로 들릴 수도 있다. 하지만 그의 말에는 무엇보다 훌륭한 '삶의 철학'이 들어 있음을 인정해야 한다. 그것은 다른 사람이나 주변에 해를 끼치지 않고 자신의 행복을 추구하는 태도이다. 이어지는 글이 내 주장의 의미를 보다 분명히 해주기를 바란다.

도덕적 개인주의

이기주의자Egoist란 당연히 자신만 생각하는 사람이다. '이기주의자'라는 표현은 사실 욕에 가까우며 다른 사람을 착취하거나 (대개 약자에게 횡포를 부리는) 자신의 행동을 정당화하려는 사람을 이기주의자라고 부른다. 우리는 자라면서 다른 사람을 위해 자신을 돌보지 않는 이타적인 행동을 해야 한다고 교육받았다. 하지만 이런 교육은 사실 삶의 기본 원칙과 어긋나는 것이다. 이 원칙이란 (유전적) 생존에 관한 것이다. 앞 장에서 묘사한 여러 동물의 행동 전략은 모든 생물이 어떤 종이든 상관없이 '자신'이 가진 것을 가장 '우선시'한다는 것을 명확히 보여주었다. 그렇다면 인간이라고 왜 다르게 살아야 하는가?

앞에서 밝혔듯이 초기의 서양적 사고는 개인주의를 부정하는 경향이 강했다. 이것은 여러 비유럽권 문화도 마찬가지다. 자신을 포함해 타인을 폭사하려는 이슬람교 근본주의자가 자신의 삶이나 다른 사람의 생명을 얼마나 폭넓게 생각하겠는가? 나의 견해는 다음과 같다. 자신의 개인성을 자각하고 삶에 가치를 부여할 수 있는 사람은 다른 '고귀한' 목적을 위해 자신의 인생을 희생하거나 다른 사람을 죽음으로 내몰지 않는다. 확고한 '자기 결심'은 단지 자유롭게 행동할 수 있을 듯한 '느낌'에 불과하므로 그것과 자유의지를 혼동하지 말아야 한다.

그래도 여전히 의문은 남는다. 자살 폭탄테러범은 대부분 독단에 빠진 나머지 자신이 '고귀한' 목적을 수행하고 있다고 굳게 믿고 행동하며 (그 목적을 수행해야 한다고 믿는다) 자신의 개인성을 철저히 포기한다. 우리가 모두 자신의 중요성을 깨닫고 그 믿음을 어떤 수상쩍은 이념과 바꾸지 않는다면 얼마나 많은 사람이 명예롭게 살 수 있겠는가!

현대의 진화론과 사회생물학에서 중요한 것은 단 한가지로 (진화의 과정에 중요성이라는 것이 존재한다면) 그것은 바로 생존이다. 그런데 동물 중에 사회 조직을 이루고 집단생활을 하며 개체끼리 서로 도우면서 이기주의적 본능과도 크게 모순되지 않게 살아가는 동물도 많다. 특히 집단 주거는 많은 동물이 개체의 생존을 강화하는 수단으로 아주 유효함이 증명되었다. 그렇다면 개인주의는 동물의 이 같은 성향을 어떻게 바라보는가? 지난 장에서 나는 몇 가지 예를 살펴보았다. 생존을 위해 동족끼리 경쟁하면서 속임수와 모함과 같은 방법을 쓰는 것은 동물에게 가장 중요한 것에 속한다. 물론 도덕철학적 관점에서 보면 불쾌할 수밖에 없다. 도덕적 관점에서 까마귀나 고양이 또는 침팬지의 경우는 전혀 문제가 되지 않겠지만 인간의 경우는 완전히 다르다. 한편 인간을 비롯한 동물의 사회적 행동을 연구한 결과 이기적인 동물일수록 협조와 도움에 적극적인 것으로 나타났다.

이것의 생물학적 이유는 그렇게 함으로써 개체는 집단의 보호를 받고 그 자손도 살아남을 가능성이 커지기 때문이다. 요컨대 이타적인 행동으로 집단의 안정을 돕는 것이 이기적인 목적을 이루는데 가장 좋은 방법이 된다.

또한 자연선택에 따른 진화가 진행되는 동안 우리는 사회적 삶이 주는 즐거움을 얻을 수 있게 되었다. 우리는 친구와 우정을 나누고 대화하며 같이 먹고 마시는 즐거움을 누린다.

그에 비해 외톨이의 처지는 상대적으로 열악하다. 이는 진화된 인간에게만 해당되는 것이 아니다. 다윈은 다음과 같은 글을 썼던 때에 이런 점을 잘 인식하고 있었다.

말이나 개, 양이 무리로부터 떨어지면 얼마나 슬퍼하는지 또 무리와 다시 만날 때 얼마나 기뻐하는지 관찰해본 사람이면 누구나 알 수 있다.

사회적 관계를 맺는다는 것은 좋은 일이다. 하지만 같은 종끼리라도 서로 다른 개체가 함께 살아가는 것은 항상 갈등의 불씨를 안고 있다. 개체는 모두 각자 이익을 취하고자 하기 때문이다. 이익의 균형이 이루어지면 개체는 언제든지 타인을 위해 자신을 내어 줄 준비가 되어있다. 그렇다고 아무런 대가없이 다른 개체에 도움을 주는 것은 동물에게나 인간에게 기대할 수 없다. 다시 말해 사회적 삶 속에서도 개체의 이익이라는 목적이 뚜렷하다.

이기주의의 중요성은 일상에서만 찾을 수 있는 것이 아니라 그 광범위함 때문에 철학이나 사회과학의 영역에서도 찾아 볼 수 있다. 우리는 이기주의자가 되기를 원하지도 않고 되는 것이 옳지도 않지만 그럼에도 불구하고 이기주의자로 살아갈 수밖에 없다. 그렇지 않으면 각자 삶을 영위할 수 없기 때문이다. 자신의 행복을 추구하는 모든 것에서 물러나기를 요구하는 '금욕주의자'의 도덕을 준수하며 살아가기란 쉽지 않다. 또한 인간이 공공의 이익을 자신의 이익보다 중요시할 수 있는 존재라고 생각하는 것도 환상에 불과하다. 전통적 동물행동학에서 주장해온, 개체는 자기가 속한 종의 유지를 위해 봉사한다는 이론이 타당하게 들릴 수도 있다(이 이론은 자신이 속한 집단이 자신에게 바라는 대로 행동하기를 원하는 (도덕적) 요구를 지지한다고도 볼 수 있다). 하지만 이것을 알아야 한다. '수많은 정치적 선동가와 전체주의자는 자신이 내세우는 개인은 아무것도 아니며 전체만이 모든 것이다라는 선전구호가 인간의 본성과 완전히 부합된 것이라고 증명된다면 더없이 만족할 것이다.' 그러나 앞에서 지적한 대로 현대의 사회생물학은 종의 보존이라는 개념과 모순되므로 앞의 정치적 구호에 대한 자연과학적인 근거를 뒷받침해주지 못한다.

우리는 다시 한 번 자연이 인간의 도덕적 모델을 제시하지 않는다는 사실을 기억해야 한다. 그러나 우리는 인간의 도덕이 (그것이 무엇이든 간에) 자연 세계에서 완전히 동떨어진 채 발전해온 것이 아니고 무에서나 나온 것도 아니며 인류의 사회적 진화를 위한 일정한 조건에서 진행되어 왔음을 늘 인식해야 한다. 또한 사회적 진화를 이해하기 위해 문화 체계의 밑바탕에 깔려 있는 생물학적 근거를 항상 염두에 두어야 한다. 개체의 생존을 위한 기본적인 욕구와 가능한 한 오래 살아남고자 하는 욕망은 인간의 역사에서 결정적인 역할을 해왔다. 이는 경험적 사실에 속하며 도덕주의자들조차 이런 전제를 완전히 무시하지 못한다. 또한 인간의 지식과 경험 그리고 인간 행동의 근본과 가능성을 따로 떼어놓고 도덕과 윤리철학을 진지하게 연구할 수도 없다. 오스트리아의 철학자였던 모리츠 슐리크Moritz Schlick, 1882~1936는 이미 경험주의에 입각한 자신의 도덕론을 주창한 바 있다. 슐리크의 경험주의 철학에 따르면 도덕은 인간이 열망하는 것과 혐오하는 것에 깊이 뿌리내리고 있으며 도덕적 결정과 행동도 이에 따라 촉진되고 작동된다.

인간의 열망과 혐오란 감정을 고려하지 않는 도덕 체계는 개인
성이 결여된 것으로 결국 실패할 수밖에 없다. 뿐만 아니라 스스
로 절대적인 진리임을 내세우기 때문에 위험한 도덕 체계가 될 수
도 있다. 생물사회학에 기반을 둔, 인간의 현실적이고 도덕적인
한계를 넘어서려는 도덕 체계는 압제나 전체주의를 선호하며 수
많은 개인이 자아의 중요성을 깨닫고 전체주의적 지배 체제를 뒤
엎는 혁명을 일으키지 않는 한 지속될 수도 있다. 우리는 역사에
서 이러한 혁명적 저항에는 용기가 필요함을 배웠다. 하지만 사
람들이 각자 도덕적 개인주의를 처음부터 받아들이고 일상화한
다면 굳이 혁명적 저항이라는 수단이 필요하지도 않을 것이다.
그렇게 되면 절대적 진리를 표방하는 도덕적 엄격주의는 정치적
인 방식으로 우리의 삶에 그리 쉽게 파고들지 못할 것이다.

자신의 가치를 다시 한 번 살핌으로써 개인은 사회저 삶에
서 즐거움이라고는 찾을 수 없고 개인은 전혀 안중에 두지 않
으며 오로지 수상한 목적을 위한 수단으로만 대하는 동료압력
Gruppenzwang에서 상당한 거리를 둘 수 있다. 우리에게 필요한 것
은 개인적인 이기주의이며 그 중요성이 볼프의 글에 정확하게 묘
사되어 있다.

개인적 이기주의자는 정치적 조직 또는 이기적인 단체의 이합 형
태와 자기 사이에 분명한 선을 그을 줄 안다. 개인적 이기주의자

의 윤리체계 속에는 자신이 속한 계급이나 인종 또는 성에 매달리지 않은 일종의 괴팍함이 있다. 그의 성향은 전체주의보다는 다양한 형태의 자유주의에 더 가깝다. 그는 눈먼 단결심이나 권위나 법에 대한 복종심을 거부하고 법과 제도를 기피함으로써 오히려 반 권위적 무정부주의에 가깝다. 또한 그(그녀)는 '승리에 찬 프롤레타리아 계급'이나 '인종의 순수성' 또는 '국가이성'과 같은 이상이나 추상적 개념에 자신을 묶어두지 않는다.

사실 인간에게 자아우선주의Selbstbevorzugung는 당연한 성향이며 중요한 사회문화적 동력이기도 하다. 자아우선주의를 통해 사람은 삶의 에너지와 인생의 목적을 희생하면서 자신을 경멸하는 태도를 물리칠 수 있다. 다른 사람 또한 자아우선주의적 성향이 있음을 이해함으로써 타인에게 엄격한 도덕적 의무를 강요하지 않고 관용과 배려를 베풀 줄 안다.

하지만 내가 이야기하는 자아우선주의나 도덕적 개인주의는 오래전부터 사회를 위협할 정도로 번진, 오늘날의 소비사회를 지배하는 온갖 종류의 이기적 행태와 구분되어야 한다. 대중매체의 광고는 자기중심적 삶의 방식에 초점을 맞추고 병리적 이기주의를 부추긴다. 이는 특히 어린이와 젊은이를 사로잡기 쉬우며 이들은 자신이 실제로는 매체에 이용당하고 있음을 알지 못한 채 (알 수도 없고 알려고 하지도 않은 채) 반항적이고 이기적인 행동을 '자유로움'으로 착각하고 있다.

그런데 이러한 형태의 이기주의는 오래전에 중년 이상의 세대까지 휩쓸었으며 전체 사회를 아우르는 현상이 되었다. 자텔베르거T. Sattelberger는 이런 맥락에서 '신봉건주의의 범람 또는 신병리학적 자본주의'의 현상을 분석하고 우리가 대화와 반성을 통해 서로 다른 가치의 조화를 도모해야 한다고 주장했다. 하지만 대중매체의 광고가 '욕망의 깨달음'이라는 구호로 젊은이들을 현혹하고 세상이 마치 이들을 위해 존재하는 것인 양 착각하게 만들어 '유치한 자아중심주의'를 전파하는 한 위에서 말한 조화와 균형을 찾기란 쉽지 않다.

한편 건전한 도덕적 개인주의자는 자유를 옹호, 지지하는 관점과 완전히 부합되는 다음과 같은 특징을 지닌다.

• 도덕적 개인주의자는 개인적 이익을 중요시하며 다른 사람도 그 자신의 이익을 따른다는 사실을 받아들인다.

• 그는 자신만의 개인적 삶의 방식을 따르며 '자아발전'에 방해가 되지 않는 선에서 사회에 통용되는 법을 따른다. 하지만 통념을 따르는 것이 어떤 사람에게는 얼마나 중요한지 인정하고 자신의 행동으로 타인이 상처를 받지 않도록 배려할 줄 안다.

• 그는 자신에게 '자신만의 가치'를 부여하며 어떤 종류든 집단적 압력에 굴복하기에는 자신이 너무도 중요하다고 생각한다. 그러

므로 정당의 선전 행사나 함성을 내지르는 광적인 축구팬 틈에서 도덕적 개인주의자를 찾아보기란 불가능하다.

• 그는 개인적인 삶의 목적에 충실하며 하찮은 것에 흔들리지 않는다. 작은 모욕을 받고 분노하는 일이 거의 없으며 자신의 삶의 방식을 위협하는 즐거움을 추구하지 않는다.

• 그는 도덕적으로 쉽게 동요하지 않는다. 다른 이가 자신의 개인적 삶의 방식을 인정해주기를 바라는 것처럼 그도 각자의 방식으로 살아가는 모든 사람을 인정하고 내버려둘 줄 안다.

도덕적 개인주의자는 전혀 반사회적이지 않으며 오히려 그 반대로 상대적으로 뛰어난 사회적 능력을 지니고 있다. 하지만 그는 이른바 '고매하다'는 가치를 맹목적으로 따르는 일이 결코 없으며 특히 정치적, 종교적 선동에도 흔들림이 없다. 그는 엄격한 도덕적 원칙을 필요로 하지 않고 (원하지도 않는다!) 상황에 따라 개인적으로 타협하고 대처할 수 있는 도덕률을 따른다. 따라서 도덕적 개인주의자들은 완전히 법제화되고 지나치게 통제된 오늘의 세태를 큰 불안감을 가지고 지켜보고 있다. 이런 맥락에서 나는 카니차이더B. Kanitscheider의 말을 인용하고자 한다.

만약 도덕이라는 것이 보편적이거나 객관적이지 않고 우리가 객관적으로 판단할 수 있는 것도 아니라면 반대 측 의견은 그 공격성을 상당부분 잃게 된다. 도덕적으로 동요를 느낄 때는 총을 움켜쥐는 것보다 코냑Kognak(프랑스에서 생산되는 포도주를 원료로 한 증류주의 일종 – 옮긴이) 잔을 잡는 것이 훨씬 품위 있다고 할 수 있다.

나는 그의 말에 덧붙이고자 한다. 이렇게 하는 것은 모든 사람에게 훨씬 건강한 해결방식이 되기도 한다. 절대적 의무와 가치에 매달리는 도덕적 절대주의는 진화론의 관점에서 볼 때 진부하기 짝이 없다. 사람은 모두 각각의 상황에서 다르게 행동하며 도덕적으로도 다양한 관점을 지니고 있다. 또한 서로 다른 사회에는 서로 다른 도덕적 관점이 있다. 도덕적 관점이란 한 사회가 그 생활 조건에 따라 '자연스럽게' 성장하는 것이다. 그러므로 합리적 배움에서 우러난 진정한 의미의 보편적인 '객관적 도덕지식'이란 존재할 수 없다.

그런데 우리가 객관적 도덕 지식을 굳이 기대할 필요가 있는가? 인간의 진화 역사는 종이 세밀하게 나누어지는 복잡한 과정 그 자체이며 또한 서로 다른 삶의 조건을 가진 수많은 문화로 나누어지는 과정이기도 하다.

하지만 문화권과 사회집단이 모두 자신만의 도덕률을 발달시켰다. 도덕적 행동이나 원칙이 인류 사회의 보편적 현상이기는 하지만 진화론적 관점에서 볼 때 이러한 보편성도 영원히 지속될 수는 없으며 선택적 요인에 따라 셀 수 없이 많은 '도덕'으로 나눌 수 있다. 여기서 남은 문제는 우리가 어디까지 수용할 수 있는가 하는 것이다. 이론적으로 '복합문화 사회'를 옹호하는 것은 아주 쉽다. 그러나 오늘의 현실이 보여주듯이 그 속에 사는 구성원은 모두 (적지 않은) 문제를 안고 살아간다. 각각의 문화가 특정한 '도덕' 체계로 각기 다른 세계에서 하나의 섬처럼 서로 고립되어 존재한다면 사실 문제될 일은 거의 없다. 그렇지만 서로 다른 문화가 특정한 상황에서 만날 때 이야기는 달라진다. 이에 대해 할 말은 많지만 우선 나는 지금까지의 주제에 충실하고자 한다.

07 Chapter

새로운
미덕에 대한
변론

우리는 마을을 둘러싸고 몇 시간 동안 점령했다…….
내가 이 사건을 언급하는 것은 내가 얼마나 영웅적으로
행동했는지 보여주기 위함이 아니라 반대로
내가 얼마나 어리석은 바보였는지 알려주기
위해서이다.

— 폴 파이어아벤트(Paul Feyerabend)

처음에 나는 이 책을 쓰는 작업이 나중에 드러난 것보다 훨씬 쉬울 것으로 생각했다. 특히 주제와 관련한 여러 가지 학문적 자료에서 비겁함의 긍정적인 진화 과정에 관한 여러 자료를 어렵지 않게 찾아낼 수 있을 것으로 생각했다. 그렇지만 나의 기대는 충족되지 못했다. 쓰고 있는 책의 프로젝트에 대해 얘기를 나누면 자료 면에서 소중한 실마리를 제공해줄 것으로 기대했던 나의 친구와 동료는 이 책의 주제에 대해 대부분 흥미를 보였지만 막상 내가 그들에게 의견을 물으면 곰곰이 생각하고 나더니 달리 떠오르는 것이 없다고 말하기 일쑤였다.

'상당히 독특한 주제이긴 하군.'

한 친구는 내게 이렇게 말했다. 한 동물행동학자(이름을 여기서는 언급하지 않겠다)는 다음과 같은 편지를 내게 보냈다.

'흠…… 좀 더 쉬운 주제에 대해 질문해주시지요…….'

그러면서 다른 동물행동학자를 내게 추천해주었지만 나는 이미 그에게 편지를 쓰고도 답장을 받지 못한 상태였다(내가 그를 놀린다고 생각했거나 나의 질문을 심각하게 받아들이지 않아서가 아닐까). 하지만 한 번도 동물행동학이나 그 이론적 체계에 대해 공부한 적은 없지만 수많은 개를 성공적으로 훈련시킨 나의 형은 주저 없이 내게 말했다.

"그럼, 틀림없지. 비겁함은 살아남기 위해 꼭 필요하고말고. 사람뿐만 아니라 모든 동물의 생존에 반드시 도움이 된다니까."

인용된 자료가 상대적으로 방대한 이유는 내 책의 주제와 기본 이론에 도움이 되는 정보를 가능한 한 많이 수집하려 한 나의 작업 방식 때문이다.

또한 나는 색다른 경험도 했다. 비겁함이란 단어는 부정적인 연상을 불러일으킴을 새삼 확인한 것이다. 하지만 그것은 이미 각오하고 있었던 부분이기도 하다.

이 책을 읽는 독자들 중에는 책의 주제에 관해 회의적인 시각을 가진 독자도 있을 줄 안다. 우리가 도덕철학과 소설, 영화뿐만 아니라 매일 보는 토크쇼에서조차 직, 간접적으로 용기를 찬양해 마지않음을 매번 접하기 때문이다. 하지만 여기서 나는 대중매체가 말하는 용기란 대체 무엇인지 논하려는 것이 아니다(그

본질을 알면 놀랄 것이다). 중요한 것은 세상에서 비겁함이 칭찬받지 못하고 있다는 점이다.

사실 이것도 중요한 문제가 아니다. 더 중요한 것은 비겁한 사람들이 결국 살아남는다는 것이다. 자신이 만들어낸 것도 아니고 다른 사람이 강제로 설정한 수많은 종류의 미심쩍은 이념에 희생되어 목숨을 잃은 사람이 도대체 얼마나 많은지 생각해보면 지금이야말로 비겁함의 미덕을 제자리에 올려놓을 때이다. 내가 말하는 비겁자란 여러 상황 속에서 숨거나 도망쳐 자신의 삶에 충실한 사람들이며 용기를 증명하려 들지 않고 다른 사람에게 피해를 주지 않으며 가능한 한 오래 살아남으려 하며 전쟁을 일으키지 않으며 자신이 방해받거나 위협받지 않는 한 타인에게 적대감을 품는 일이 없으며 국가에게 아무것도 기대하지 않으며 그에 대한 보복조차 묵묵히 감수하며 그 결과 세속에서 물러난 삶을 사는 사람이다.

하지만 도스토예프스키Dostojewskij의 소설 속의 주인공인 라스콜니코프Raskolnikow는 다음과 같은 생각을 하고 있었다.

그래, 물론이야. 인간은 모든 것을 가지고 있어. 하지만 인간은 비겁하기 때문에 그 모든 것을 놓치고 싶어 하지 않지. 그건 사실이야.

《죄와 벌》을 읽은 독자라면 사람을 둘씩이나 죽인 살인범 라스콜니코프가 용기 있는 사람으로 훌륭한 모범이 된다고 생각하지 않는다. 오히려 그가 사악한 인물의 전형이며 '선량한 인간'은 '살 가치가 없는' 생명을 빼앗을 권리가 있다고 생각하는 관념에 사로잡혀 있다고 생각한다. 따라서 나는 다음과 같이 라스콜니코프의 생각을 정정해보려고 한다.

만약 우리 인간이 비겁해서 라스콜니코프와 같이 사고하고 행동하지 않는다면 그것만으로도 이미 많은 것을 건진 셈이며 이 때문에 쓸모없는 고통도 겪을 필요가 없다.

인간의 역사에서 그동안 여러 가지 인성이 뿌리내리고 그 사회의 구성원이 그 인성을 예찬해왔다. 의무감이나 책임감, 대담함, 진실에 대한 사랑이나 금욕 따위가 이러한 인성에 속한다. 또한 겸손함과 인내심, 참을성 그리고 4대 덕목도 이에 포함된다. 이 모든 덕목은 한결같이 개인의 욕구를 절제하고 뒤로 미루는 것과 관련이 있다. 이러한 사회 환경에서는 비겁함이 당당할 수 없음은 당연하다. 그렇지만 기본적인 생물학적 생존경쟁의 불가피성을 진지하게 고려해보면 자연이 비록 우리에게 아무런 규범이나 가치를 제시하지 않더라도 더 나은 추론을 얻을 수는 있다. 즉 자연에 의지해 우리가 '생존'하는 것이 전혀 나쁠 것이 없다는 결론에 이르게 된다.

또한 우리는 일반적으로 훌륭하다고 판단되는 인성에는 부정적인 면도 있음을 직시할 필요가 있다. 자기가 속한 국가의 명령을 따르는 것이 자신의 의무라고 철저히 인식하고 있는 사람은 이 때문에 자신과 다른 사람을 위험에 빠뜨릴 수도 있다. 또한 어떠한 경우에도 진실만을 말하는 사람은 바로 그 진실 때문에 타인에게 피해를 줄 수도 있다. 그러므로 모순에서 벗어나기 위한 유일한 해결책은 지난 장에서 우리가 논의한 도덕적 개인주의와 윤리적 이기주의밖에 없다. 이런 도덕적 태도는 개인은 모두 삶과 생존을 원하며 그것을 누릴 권리가 확실함을 기본 전제로 한다. 사람은 모두 자신이 중요함을 자각할 권리가 있다. 윤리적 이기주의자는 이러한 사실을 바로 받아들이며 다음과 같이 말할 수 있다.

나는 당신이 자신을 나만큼 중요하거나 어쩌면 나보다 더 중요하다고 믿는 것을 막을 수 없다. 실제로 많은 사람이 자신을 다른 사람보다 중요하다고 생각하거나 자신의 삶과 행동방식이 다른 이의 그것보다 중요하다고 믿으며 살아간다. 그들의 태도는 사실 나의 태도와 전혀 다를 바가 없다. 왜 우리가 이 때문에 서로 비방해야 하는가? 그러므로 예의를 지키며 가능한 한 평화롭게 살아가도록 하자. 그리고 우리가 계획한 대로 삶을 누리는데 끊임없이 방해가 일어나지 않도록 하자.

물론 히틀러와 같은 괴물도 나름의 설계도를 머릿속에 품고 있었다. 그런데 오래지 않은 과거에 그런 지독한 일을 겪고도 우리가 다시 그들이 고개를 들도록 내버려두어야 하는가? 당연히 안 될 말이다. 우리가 윤리적 이기주의자가 되어 이들과 우리 사이에 분명한 거리를 둔다면 그것만으로 충분할 것이다. 시작부터 이 부분을 명료하게 할 필요가 있으며 시간이 지나면 이미 늦어버릴 수도 있음을 직시하자. 항상 시작을 조심해야 한다! 상상해보자. 1930년대에 처음부터 다음과 같은 의견을 분명히 한 도덕적 개인주의자가 많았다면 역사는 어떻게 달라졌을까?

친애하는 아돌프 씨, 물론 우리는 당신이 스스로 대단히 여기고 있으며 나름대로 설계도도 가지고 있음을 알고 있습니다. 그렇지만 우리도 각자 인생 설계도가 있으므로 당신의 계획에 협조할 수 없음을 곧 알게 될 것입니다. 어떤 사람은 천문학자가, 또 어떤 사람은 은막의 가수가 되려는 꿈을 안고 있으며 또 어떤 사람은 농기계 기술에 혁명을 일으키고자 원대한 계획을 품고 있답니다. 그뿐이 아니지요……

1938년과 1939년에 수백만의 겁쟁이가 '하일 히틀러'라고 외치며 군에 입대하는 대신에 '우리는 제외해주시오!'라고 부르짖었다면 무슨 일이 일어났을지 한번 상상해보라. 물론 실제의 역사는 이와 정반대로 흘러갔고 그 결과 6천여 만 명이 목숨을 잃었다.

우리가 지나간 역사의 수레바퀴를 되돌릴 수는 없지만 적어도 미래의 재앙은 피할 수 있다. 정치가가 즐거이 자신의 일을 하는 것을 막을 필요는 없지만 그들의 계획을 우리 자신의 계획보다 더 심각하게는 받아들이지는 말자. 수많은 사람이 자신을 믿고 자칭 지도자라고 하는 이들의 수상쩍은 설계도에 맹목적으로 환호하지 않을 만큼 비겁한 태도를 유지한다면 정치가가 없어도 우리는 스스로 삶을 영위할 수 있다.

비겁함은 우리 자신과 다른 이들의 삶이 재앙에 내몰리는 것을 막아주므로 하나의 미덕이 될 수 있다. 러셀은 인간에게는 두 종류의 재앙이 있다고 말했다. 하나는 자연재앙이며 또 다른 하나는 인간이 다른 인간에게 고통을 가하는데서 오는 재앙이다. 자연 재앙에 대해서라면 그것이 우리의 어리석음에서 비롯된 것이 아니라면 가능한 한 안전하게 대피하는 것 외에 다른 방도가 없다.

인간이 다른 인간에게 끼치는 고통과 재앙은 피할 수 있다. 이를 위해서는 무엇보다 인간이 우선 자신의 삶에만 관심을 가져야지 인류의 이익을 위해 일한다는 확신을 가지고 위험한 모험에 뛰어들지 않아야 하며 다른 이에게도 모험을 강요하지 말아야 한다.

인류란 추상적 범주에 속한다. '세계적 화합'이니 '통일성'이니 하는 말은 사실 오로지 자신의 이익을 위해 이념을 퍼트리는 이들의 망상일 뿐이다.(그게 아니면 무엇이겠는가!) 유럽이나 미국의 정치가나 경제 전문가가 칼라하리 사막의 부시맨이 무엇을 필요로 하는지 또 시베리아의 노보시비르스크Nowosibirsk에 사는 야채장수의 슬픔이 무엇인지 알고 있다고 생각한다면 이것은 말할 수 없는 오만이 아닐 수 없다. 하지만 현재 거의 60억에 이르는 지구의 인간 중에 똑같은 사람은 하나도 없음을 진화론자는 알고 있다. 이것은 또한 수많은 개인이 각자 삶을 계획하고 있다는 말이기도 하다. 물론 모든 이에게 하나의 공통된 바람이 있다. 바로 가능한 한 오래 살고자 하는 것이다. 이 바람을 충족시키는 데는 영웅보다 겁쟁이가 훨씬 더 유리하다.

미덕이란 지속적인 실천이 모여 구축된 삶의 태도이다. 그러므로 비겁함을 실천하고 그것을 미덕의 자리에 올려놓음으로써 우리 모두 스스로 더 길고 더 행복한 삶을 누릴 수 있게 하자. 우리가 강해야 하고 용감해야 하며 위험을 기꺼이 무릅써야 한다며 우리의 의식을 세뇌시키는 현대의 스승을 맹목적으로 따를 것이 아니라 '새로운 경제'는 그것을 선동하는 자에게 맡겨두고 각자 개인적인 방식으로 행복과 만족을 찾아가자. 도덕적 개인주의나 윤리적 이기주의는 타인의 충고나 '지도' 또는 '헬스클럽'이나 '가족치료사'를 굳이 필요로 하지 않는다. 이들은 사람이 어떻게든 모두 살아남기를 원하며 자신을 소중히 생각하고 자아가 숨쉴 수 있는 자리를 발견하고 싶어 함을 기꺼이 받아들인다. 그렇다고 해서 무조건 남의 일에 동참하지도 않는다. 도덕적 개인주의자는 무엇보다 자신의 관심사를 먼저 살피기 때문이다.

도덕적 개인주의자는 누군가 용기를 찬양하는 말을 쏟아놓으면 먼저 그를 의심한다. 이미 자신의 달팽이집에서 평화를 누리고 있는 사람을 왜 가만히 내버려두지 않는단 말인가?

《거짓말을 예찬함》이라는 책의 끄트머리에서 저자 볼커 소머는 다음과 같이 썼다.

우리가 도덕주의자의 심리 속에도 속임수와 자기기만이 깃들어 있음을 알게 되면 그들을 존경하는 마음이 줄어들 것이다.

비겁함의 경우도 마찬가지다. 우리에게 용기를 요구하고 도덕적으로 근엄한 표정을 지으며 엄지손가락을 치켜세우고 4대 덕목을 강조하는 사람들은 그들이 그토록 바라는 존경을 억지로 얻을 수는 없다. 우리도 그들의 영혼 속에는 드러내고 싶지는 않지만 겁쟁이가 살고 있음을 알아야 한다. 한편 긍정적 측면의 거짓말이 진화론의 관점에서 지지를 받고 있음이 분명하지만 (소머의 작품 뿐 아니라) 비겁함의 경우는 아직 그만한 대접을 받지 못하고 있다.

나는 이 책이 그 시초가 되었으면 한다.

다음은 본문에 나와 있지만 설명되지 않았거나 설명이 불충분하다고 판단되는 핵
심어나 용어의 해설이다.

두려움, 공포(Angst) 실제이거나 상상속의 위협과 무력감을 불러일으키는 감정.
공포는 여러 형태의 육체적 반응을 동반하는데 식은땀을 흘리거나 맥박이 빨라
지는 것이 한 예이다. 공포는 어떤 면에서 숨이 막힐 듯한 감정이지만 다른 한
편으로 기본적인 '생명 에너지'로서 개체가 행동에 나서도록 유도하여 (도망을 친
다거나) 위협을 제거할 수 있도록 한다.

적응(Anpassung) 생물체 전체 또는 그 개체의 생존에 필요한 특성이 발달하도
록 이끄는 과정이기도 하다. 그렇다고 생물체가 아무 데서나 제멋대로 적응하
는 것은 아니다. 생물이 적응할 수 있는 가능성은 그 생물체의 구조나 기능적
조건에 따라 결정된다.

먹이 패턴(Beuteschema) 모든 생물체는 생존을 가능하게 하는 먹이 패턴이 정
해져 있다. 각각의 종은 특정한 먹이 패턴이 있으며 정해진 패턴을 벗어난 대상
생명체는 일반적으로 기피되거나 무시당한다. 하지만 특정한 상황에서는 어떤
동물이 보통 때는 먹이로 삼지 않던 동물을 공격하거나 죽이는 일도 있다.(인간
에 대한 상어나 호랑이의 공격)

새끼 돌보기(Brutpflege) 새로 태어난 새끼에게 먹이를 공급하고 적의 공격에 맞
서 새끼를 보호하는 동물 세계의 총체적 행동.(알이나 새끼 지키기, 이들을 보호하고

먹이를 구해다주기.)

겸손, 굴종(Demut) 동물행물학은 굴종의 행동을 상대보다 약함을 보여주는 것
으로서 동류의 공격을 누그러뜨리는 신호로 해석한다.
철학이나 신학에서는 완전함(도덕적 이상이나 신성(神性))에 도달하기 위해 스스로
낮추는, 성찰에서 우러나온 미덕으로 본다.

위협 신호(Drohsignale) 겸손이나 굴종과 달리 적이 겁먹거나 도망치게 하려는
행동 전략이다. 털을 부풀려 몸을 크게 보인다거나 깃털 펼치기 같은 것이 이러
한 행동의 범주에 포함된다.

결투(Duell) 명예를 지키기 위해 총이나 결투용 칼과 같은 무기를 이용해서 두
사람이 싸우는 것. 오늘날 대부분의 나라에서 결투는 금지되지만 주로 귀족이
나 고위 공직자 사이에서 행해졌던 결투는 20세기까지 지속되었다. 이는 모욕
당한 명예(실제로 모욕을 당했든, 모욕당했다고 주장하든)를 되찾기 위한 방식으로 행
해졌으며 종종 결투 상대에게 심각한 부상을 입히거나 죽음으로 몰아가는 일도
있었다.

동류의식(Du-Evidenz, you-evidence) 분석을 통해 다양한 생물의 행동에 대
한 이유와 특성을 이해하려는 경향. 이를테면 인간이 고양이의 행동을 알 수는
없지만 그래도 고양이가 두려움이나 배고픔을 느끼는 때가 언제인지 우리는 거
의 짐작할 수 있다.

이기주의(Egoismus) 자기 이익을 추구하는 태도. 다른 개체를 이용해서 자신의 생존에 적합한 조건을 키우려는 개체의 행동 양식. 인간의 이기주의는 대부분 부정적으로 해석된다. 그러나 이기주의야말로 희생적인 행동을 위한 중요한 동기이므로 도덕의 근본이라고 볼 수도 있다.

명예(Ehre) 같은 사회에 속한 사람들에게서 받게 되는 존경과 인정. 명예를 얻는다는 것은 한 사람이 특별한 태도와 행동을 나타낸 후 그 가치를 인정받은 뛰어난 사람임을 상징한다.
하지만 명예라는 이름으로 과거나 현재에 크고 작은 죽음을 몰고 온 미심쩍은 행동이 많이 저질러졌다.(예, 병사의 명예)

감정(Emotion) 느낌. 느낌은 다양한 행동 양식으로 표현되는 복잡한 마음의 상태이다. 공포나 기쁨, 증오나 분노와 같은 여러 가지 현상이 이에 속하며 이 현상이 이성적 통제를 벗어나는 경우가 많지만 삶의 기본적인 기능으로 작용한다는 점은 의심할 여지가 없다.

윤리학(Ethik) 실용철학의 한 부분으로 인간이 도덕적으로 올바르게 살려면 무엇을 해야 하며 무엇을 하지 말아야 하는가를 다룬다. 윤리학은 기본적으로 무엇이 '좋고' '나쁜지'(도덕적으로 '옳고' '그른지')를 이해하고 가치와 규범이 어떻게 구성되는지 이해하는 것에 중점을 두고 있다. 그러므로 윤리학이 인간 행동의 전체적 조건과 연결되어 있음은 중요하다. 윤리학은 인간의 본성에 대한 심오한 이해가 바탕이 될 때 진지하게 고려할 만한 가치가 있다.

민족중심주의(Ethnozentrismus) 실제로 거의 모든 민족이나 문화권에서 볼 수 있는, 자신의 권력을 과시하기 위한 경향이라 할 수 있으며 다른 민족과 문화를 부족함과 무능함이 많은 것으로 폄하한다. 특정한 상황에서 민족중심주의는 모든 '이방인'을 심하게 거부하는 방향으로 확대될 수 있다.

진화(Evolution) 일반적으로 발전이라는 의미를 지닌다. 생물학에서는 길거나 짧은 시간 동안의 종의 변화를 가리킨다. 진화의 가장 큰 동력은 자연선택이다. 진화라는 용어는 생물학 이외의 영역에도 많이 사용되고 있다.(예, 문화적 진화) 그렇지만 진화의 의미가 모든 개체가 효율적인 특정 구조를 갖추는 방식으로 진행되었다는 것은 아니다.

진화적 인본주의(Evolutionärer Humanismus) 줄리언 헉슬리(Julian Huxley, 1887~1975)가 주창한 것으로 인간은 진화의 산물이므로 자신과 인간을 둘러싼 주변에 책임을 져야 한다는 이론이다. 현대의 진화적 인본주의는 슈미트 살로몬이 제기했다.(각주 7 참고)

진화론(Evolutionstheorie) 진화이론. 생물학이나 문화와 같은 영역에서 진화적 변화의 구조를 설명하는 이론.

비겁함(Feigheit) 자신의 생존이나 생명을 위해 다른 목적은 모두 부차적인 것으로 보는 행동양식과 태도. 비겁함은 일반적으로 부정적인 성향으로 간주된다. 그러나 비겁함이라고 불리는 성향은 (도망치기, 숨기 등) 동물의 세계에서는 생존을 위해 필수적이다.

겁쟁이(Feigling) 영웅과 반대되는 말로서 현실에서든 상상속에서든 부정적인 결과를 불러올 수 있는 여러 가지 행동을 (죽음까지 불러올 수 있는) 두려운 마음으로 회피하는 사람. 겁쟁이는 싸움에서 일어날 수 있는 위험과 위협을 가능하면 피하려 한다. 이러한 관점에서 본다면 (진화론적 관점에서 볼 때) 겁쟁이는 사실 그 긍정적 가치를 인정받을 수 있다. 겁쟁이는 '도덕적 개인주의'적 태도를 상징한다.

적 피하기(Feindvermeidung) 모든 생물이 적에게서 자신을 보호하는데 도움이 되는 행동 방식.(예, 도망치기)

정의(Gerechtigkeit) 고대 철학에서는 인간의 미덕을 모두 합한 덕성으로 간주되었다. 이후 현대 철학의 정의는 일반적으로 기회의 균등이나 모든 사람의 동등한 권리 등을 의미한다. 종교나 많은 사람이 보이는 태도의 특징 중 세계를 관통하는 객관적인 정의가 있다는 믿음이다.

양심(Gewissen) 부끄러움과 비슷한 감정이다. 양심은 사회의 안정을 유지하는 데 필요한 '기준'으로 발달했을 것으로 추정되며 개인이 옳고 그름을 판단하는 잣대로 사용되어 왔다. 하지만 양심의 가책은 동료압력에서 생겨나기도 한다. 이로써 양심은 인간 행동의 객관적인 옳고 그름과는 크게 상관이 없음을 알 수 있다.

동료압력(Gruppenzwang) 특정한 집단에 소속되었다는 느낌은 그 집단이 지향하는 방향과 항상 일치하고자 하는 욕구를 낳는다. 한편 집단은 내부의 규범과

일치하지 않는 행동을 하는 구성원을 배제하거나 처벌하기도 한다. 특히 집단의 명예와 관련된 규범을 어길 경우 심각한 처벌을 받을 수 있다.

영웅(Held) 뛰어난 인성을 갖춘 인물로 특히 용기라는 미덕을 갖고 있다. 실제로 존재하거나 동화나 신화에서 볼 수 있는 영웅은 보통 사람이 할 수 없는 행동을 함으로써 인정받고 명성을 얻는다. 영웅은 겁쟁이의 반대말이다.

정체성(Identität) 개인의 특성을 통칭한다. 이것 이외에도 정체성이라는 미명하에 개인을 특정 집단에 소속하도록 하여 개인을 집단에 동화시키는 역할을 하기도 한다. 집단 정체성이란 인간에게만 볼 수 있는 것은 아니지만 중요한 인간의 특성이다. 집단 정체성은 동료압력을 형성하는데 일조한다. 정체성은 어느 면에서 개인에게 필수적인 것이지만 다른 면에서 집단 안에 우리 의식(Wir-Gefühl)을 강화하여 차별과 함께 무리 바깥의 사람에 대한 적대감을 낳는다.

이념(Ideologie) 사회문화적인 관계와 발전 방식을 가진 사고체계로서 사회적 조직에 대해 총체적으로 정의를 내린다.
이념은 과학적 지식은 아니지만 과학적 지식은 이념의 기초가 될 수 있으며 이는 다윈의 이론을 자의적으로 해석한 이념의 예를 통해서도 알 수 있다.

전시적 행동(Imponiergehabe) 위협적인 행동과 유사한 것으로 위협신호로 해석될 수도 있다. 다시 말해 상대방을 겁주면서도 싸움을 피하기 위한 모든 행동을 말한다.

지적 설계(Intelligent Design) 최근 많은 논란이 일고 있는 개념으로 자연과학적으로 이해 가능한 구조(자연선택) 말고도 진화에는 '더 높은 목적'이 숨어 있다는 이론이다. 지적 설계는 현대 진화론의 관점에서 볼 때 특정한 가치의 영구성을 주장하고 그 가치를 (정치적으로) 이용하려 한다는 점에서 지지할 수 없는 이론이다.

지성(Intelligenz) 생물체가 자신에게 닥친 문제를 해결하고 새로운 환경에 익숙해지기 위해 갖춘 일반적인 능력을 일컫는다. 특히 인간의 지성은 통찰하는 태도와 행동을 통해 알 수 있다.

4대 덕목(Kardinaltugenden) 중요한 인간 세계의 미덕으로 여기에서 여러 다른 미덕이 비롯된다. 절제와 정의, 용기와 지혜 이 네 가지이다.

어린이 행동 패턴(Kindchenschema) 일반적으로 새끼 돌보기 본능을 자극하는 '사랑스럽고' '귀여운' (인간을 비롯한) 어린 동물의 행동 방식.

경쟁(Konkurrenz) 겨루기. 다윈의 이론에서 볼 때 한정된 자원을 차지하기 위한 동족끼리의 경쟁은 생존을 위한 경쟁이다. 그러나 비록 경쟁을 위해 싸우는 일이 있다고 해도 경쟁이 피비린내 나는 전투와 혼동되어서는 안 된다. 경쟁은 성공적인 재생산을 위한 유용한 방법이기 때문이다.

전쟁(Krieg) 집단적 폭력. 두 개 이상의 사회 집단이 연루된 무장 투쟁이다. 전쟁이 일어나는 원인은 다양하다. 압제, 자원을 얻기 위한 투쟁, 영토 점유, 이론적

종교적 확신 등등. 전쟁이 일어날 경우 대개 두 개 이상의 이유가 있다. 전쟁의 목적은 적(또는 적들)을 완전히 제거하거나 굴복시키는 것이다. 전쟁은 인간 사회에서 볼 수 있는 전형적인 현상이지만 인간 이전의 유인원(침팬지) 시기에도 전쟁이 존재한다.

위기에서의 반응(Kritische Reaktion) 희망이 없는 상황(또는 희망이 없어 보이는 상황)에 처했을 때 겁에 질려 있다가 공격적으로 변하는 동물의 행동. 이는 겁쟁이가 갑자기 용감하게 변한다는 점에서 역설적인 모습이다. 그러나 위기에서의 반응은 자신의 생명을 보호하기 위한 행동 양식일 뿐이다.

문화(Kultur) 살아 있는 존재가 창조하고 전승하는 모든 역량과 무형의 자산을 일컫는다. 문화는 물질적 문화의 형태로 볼 때 원숭이들에게도 볼 수 있지만(도구 만들기) 더 좁은 관점으로는 상징성과 추상적 관념과 도덕적 관점을 갖춘, 전형적인 인간의 특성에 속한다.

속임수(List) 사기나 책략과 비슷한 말. 적이나 먹잇감을 속여 넘기기 위한 의식적, 무의식적인 행동.

마키아벨리즘(Machiavellismus) 마키아벨리의 이론에 따라 자신의 이익을 충족시키기 위해 속임수나 여러 다른 수단을 이용하는 온갖 종류의 행동 양식. 마키아벨리즘을 실천하기 위해서는 어느 정도의 지적 능력이 필요하지만 이는 인간 세계에서만 볼 수 있는 특성은 아니다.

의태(Mimikry) 일반적으로 흉내 내기를 의미하며 더 구체적으로는 상대를 속이기 위해 흉내 내는 신호를 보내는 것. 많은 생물체가 다른 동물(생물)의 모습과 거의 비슷한 모습을 하고 있다. 예를 들어 약한 곤충이 적을 쫓아버리고 살아남는데 유리하도록 포식동물의 모습을 흉내 내기도 한다. 의태에는 여러 가지 형태가 있다.

도덕(Moral) 사회의 안정에 기여하는 도덕적 개념과 규범을 총칭하는 것. 인간 사회에서 도덕은 어디에서나 볼 수 있고 어느 사회에서나 중요한 요소지만 그 구체적 내용(가치, 교훈, 금지 등)은 각 사회가 처한 상황에 따라 다르다. 한 사회의 전체 조건에 따라 다른 내용을 지니기 때문에 절대적 도덕이라는 것은 없다.

도덕적 개인주의(Moralischer Individualismus) 개인의 존재이유와 개인 행복의 전제 조건이 되는 도덕적 태도. 도덕적 개인주의는 이기주의에 바탕을 두며 도덕적 개인주의자는 자신의 삶의 방식을 따르면서도 다른 사람의 삶의 방식을 수용하고 관대하게 대한다. 도덕적 개인주의자는 평화롭게 살기를 원하며 다른 이들도 평화롭게 살도록 한다. 다른 주요 윤리학파의 가르침과는 반대로 도덕적 개인주의자는 개인적 상황에 맞춘 도덕을 지향한다. 도덕적 개인주의자는 자신과 타인에게 해가 되지 않는 선에서 모든 것을 받아들이지만 누군가 자신의 삶을 조종하는 것을 싫어하며 스스로 결정하는 삶을 원한다.

도덕주의(Moralismus) 인간 행동을 평가하는데 도덕적 기준만을 중시하는 태도. 도덕주의는 엄격한 도덕적 규범을 준수하기를 요구하며 그 외는 받아들이

지 않는다.(도덕적 엄숙주의)

용기(Mut) 용감성(Tapferkeit) 참조.

용기의 시험(Mutprobe) 일반적으로 한계에 대한 도전을 의미한다. 대체로 동료
압력의 결과이거나 한 집단에서 우월한 남보다 더 우월한 위치에 오르고자 하
는 열망에 따라 생겨난다.
아직도 많은 나라에서 청년들이 사회의 '완전한 성인'으로 받아들여지기 위해
일종의 성년식을 치러야 한다.

신화(Mythos) 과학적 증거는 없지만 수많은 사람의 삶에 영향을 미치고 있는
여러 사건으로 이루어진 이야기. 인간 혹은 비인간적인 형태를 하고 있는 신화
속의 많은 등장인물은 특별한 재능을 가지고 있다. 이들은 대부분 (인간이 도달할
수 없는) 본보기로서 두려움이 없는 영웅이다.

자연선택(Natürliche Auslese) 다윈의 이론이나 현대적 관점에 따르면 이는 생
물체의 진화를 위한 주요한 동력이다. 자연선택은 간접적인 방식으로 진화의
다양성에 일조하며 생존에 적합한 생물체의 생존과 적합하지 못한 생물체의 사
멸을 돕는다.

윤리적 원칙(Prinzipienethik) 인간에 대한 이상적 관념을 기본으로 모든 인간의
행동을 도덕적으로 해석하려는 시도. 이는 '선'과 '악'에 대한 절대적 관념의 산
물이며 따라서 인간의 삶의 진실을 반영하지 못한다.

번식 성공(Reproduktionserfolg) 다윈은 같은 종의 개체라도 서로 다른 번식 성 공률의 특징을 지닌다는 옳은 지적을 했다. 현대의 사회생물학에서 대물리기 성공이란 자신의 유전자를 다음 세대에 안전하게 전달하는 것을 말하며 유전적 생존을 의미한다. 대물리기 성공 본능은 모든 생물체가 가지는 특징이며 이들 은 모두 대물리기의 성공을 위해 다양한 전략을 구사한다.

수치심, 부끄러움(Schamgefühl) 자기 보호와 타인과의 거리두기를 위한 감정. 이는 사적 영역의 불가침을 나타내주는 감정이기도 한다.
또한 수치심이란 특정한 행동에 뒤따르는 모든 불쾌한 감정을 통칭하기도 한 다. 예를 들어 시험을 잘 치르지 못했거나 잘못된 행동을 했을 때 우리는 수치 심이나 부끄러움을 느끼고 나중에 자신이 저지른 부적절한 행동을 깨닫는다. 수치심이나 부끄러움의 감정은 사회의 안정에 기여하는 '척도'의 기능을 할 수 도 있다.

사회적 다윈주의(Sozialdarwinismus) 어떤 면에서는 적자생존이라는 다윈의 이 론을 거꾸로 해석한 이념이기도 하다. 사회적 다윈주의는 자연 속에서 일어나 는 일을 인간 사회에서 하나의 규범으로서 전이시켜 해석하며 다음과 같은 구 호를 기반으로 삼는다. 자연의 세계에서 벌어지는 현상은 도덕적으로도 옳은 것이다. 사회적 다윈주의는 제3제국(나치 독일)의 이념적 기반을 제공하여 역사상 가장 처참한 재앙을 이끌어냈다.

사회생물학(Soziobiologie) 동물행동학의 한 분과. 사회생물학은 진화론과 유전학을 기반으로 인간을 포함한 생물체의 사회적 행동을 설명한다.

놀이(Spiel) '비상사태'에 쓸 수 있는 중요한 재주를 훈련하는데 도움이 되는 여러 가지 행동 양식(호기심과 탐험심이 결합된 행동 따위). 동물에게 장난스러운 행동은 유아기에만 해당되는 것은 아니다. 인간의 문화사에서 놀이는 핵심적인 부분을 차지한다. 놀이를 통해 사람들은 즐거움을 얻고 사회의 안정을 굳힌다. 하지만 어떤 놀이는 특정한 스포츠의 예(권투나 자동차 경주 등)에서 볼 수 있듯이 살인적인 형태로 치달을 수도 있다.

자살(Suizid, Selbsttötung) 폭력적인 방법으로 삶을 스스로 마감하는 인간의 행동. 자살을 결정하게 하는 원인은 사회적 요인을 비롯하여 여러 가지가 있다. 그러므로 자살 행위에 대해 '스스로 선택한 죽음'이란 표현을 쓰는 것은 많은 경우 잘못된 것이다.

용기, 용감성(Tapferkeit) 4대 덕목의 하나이다. 이는 위험이나 다가올 생명과 건강에 대한 위협을 고려하지 않고 옳다고 생각하는 자신의 목표를 향해 행동하는 사람이 지닌 특성이다. 용기는 비겁함의 반대말이다.

위장(Tarnung) 적의 눈에 띄지 않게 생물체가 자신을 보호하는 의미에서 주위와 몸 색깔 따위를 맞추어 적응하는 보호 적응. 위장은 동물의 세계에서 효과적으로 적을 피하기 위한 전략이다.

적합성(Tauglichkeit) 재생산에 적합한 생물체의 능력.

속임수(Täuschung) 어떤 생물체가 다른 생물체에게 자신의 '진정한 의도'를 감추기 위해 벌이는 모든 행동. 이를 위해서는 정교한 도덕관념이 필요없다. 하지만 침팬지를 제외하고 오직 인간에게서 볼 수 있는 전략적 속임수의 경우 복잡한 도덕관념의 구조가 요구된다.

관용(Toleranz) 여러 다른 철학 체계와 세계관을 받아들이고 존중하는 태도. 관용은 도덕적 엄숙주의와 반대되는 개념이다. 관용을 갖춘 사람은 다른 가치관을 지닌 사람을 두려워하지 않고 그들이 자신과 다르게 살아간다는 사실을 받아들인다.

살생 금지(Tötungshemmung) 일반적으로 동류를 죽이는 것을 금지함을 말한다. 전통적인 동물행동학에서는 실수나 퇴화의 결과가 아니면 동류끼리 서로 죽이는 일이 없다고 보았다. 이와 같은 추정은 개체는 종의 생존을 위해 존재한다는 확신에서 비롯된 것이었다. 그러나 동물의 세계에서 동류끼리 서로 죽이는 일은 상대적으로 빈번하게 일어난다. 사회생물학에서는 생물체의 이러한 행동에 대해 종의 유지보다 개체의 생존이 중요하기 때문이라고 해석한다.(이기주의)

미덕(Tugend) 도덕적 선을 향한 지향. 미덕은 뛰어난 품성을 지향한 자기 훈련을 위한 이상이다. 대체로 근면성이나 시간 엄수, 근검성이나 질서와 같은 여러 개념과 관련되어 있으며 도덕적으로 완벽한 인간에게 깃든 성품이다.(4대 덕목 참조)

생존(Überleben) 진화론적이고 사회생물학적인 관점에서 봤을 때 유전적으로 살아남았다는 의미이며 대물리기에 성공한 것을 뜻한다. 또한 일반적으로 부정적인 외부 여건에도 불구하고 상대적으로 개체가 오래 살아남는 것을 의미한다.

방어 전략(Verteidigungsstrategie) 동류 또는 다른 종에 속한 개체와의 경쟁에서 살아남는데 도움이 되는 모든 종류의 행동 방식. 방어 전략은 자신을 공격하는 상대에 대항하여 펼치는 적극적인 공세를 비롯해 속임수도 포함하며 사실상 공격해오는 적을 물리치는 모든 종류의 행동을 말한다.

관련 단어 찾기

살아 있는 겁쟁이들을 위한 반역

 헤아릴 수 없는 과거부터 오늘날까지 인간 사회에서 비겁함이란 품성은 아무도 존중해주지 않았으며 오히려 부끄러워 감추기에 급급했던 단점으로만 생각되었다. 비겁함과 이기주의는 거의 동일한 말처럼 취급되었고 이와 반대되는 용감함은 언제나 사람들이 칭송하는 덕목의 자리를 누리고 있었다. 고대 적부터 영웅 찬가나 전설, 서사시에서 우리는 자신의 이익과 욕구를 뿌리치고 두려움 없이 타인을 위해 희생한 수많은 영웅의 이야기를 들어왔다. 물론 스스로 목숨을 희생하면서까지 다른 이의 소중한 생명과 삶의 터전을 지키려 한 인물들의 용기가 없었다면 인류의 역사는 어쩌면 그저 살벌한 생존의 전장에 지나지 않았을지도 모른다.

 그러나 이들이 보여준 용기가 자신과 타인에게 언제나 이로움을 준 선택이었을까? 용기를 빌미로 강하고 용맹한 것만 미덕이라며 우리에게 집단적 최면을 거는 배후세력이 있지는 않았는가? 정말로 강하고 용감한 자만 칭송받을 가치가 있다는 관점은 올바른 것일까?

이 책에서 우리는 사람들이 모두 광장에 나가 집단적인 용기와 힘을 보여줄 때라며 외칠 때 홀로 집안에 앉아 곰곰이 사색한 후 써내려간 듯한 어느 도덕적 겁쟁이의 조용하지만 반역의 목소리를 들을 수 있다.

우선 저자가 가장 마음을 기울여 사람들에게 주장하는 것은 삶을 사랑하고 그 삶을 소중히 누리기 위해 자신만의 달팽이집 속에서 사는 비겁자는 그의 삶이 부끄럽지 않다는 것이다. 인간 역사의 수많은 예에서 봤을 때 우리는 모든 이가 찬양하는 영웅적 행동과 용맹성이 사실은 특정 이익집단이 추구하는 이기적인 욕망을 채우기 위한 수단에 지나지 않았음을 직시할 필요가 있다. 기억에도 선명하고 가장 가까운 예로 저자는 수백만 명의 목숨을 앗아가고 독일 민족의 긍지와 정신을 황폐화한 나치제국의 선전선동을 들고 있다. 제1차 세계대전에서 패배한 후 국민에게 희생과 용기를 강조하며 독일의 재건을 부르짖은 제3제국은 결국 그 선동에 현혹된 군중의 열광적 지지와 참여로 돌이킬 수 없는 몰락의 길을 내딛고 말았다. 만약 당시 사람들이 거리로 뛰쳐 나와 거짓에 가득 찬 나치정권의 영웅 놀음에 함께 손을 들고 외 치기보다 자신의 방에서 겁쟁이처럼 숨어 있었다면 독일 민족은 어떤 결과를 맞이했을까?

적어도 화가나 음악가, 작가나 평범한 사회인으로 평화롭게 살 아갈 수 있었던 수많은 사람이 그 비겁함 때문에 구제되지는 않 았을까.

저자는 비겁함이나 교활함, 위장과 같은 부정적인 뉘앙스의 개 념이 인간을 비롯한 동물의 세계에서는 살아남기 위한 생존전략 의 하나이며 가치중립적인 수단일 뿐임을 강조하기 위해 수많은 동물의 예를 들고 있다. 또한 저자는 다윈의 자연선택 이론을 새 로운 시각으로 꼼꼼히 해석하고 있다. 즉 다윈의 이론이 단순히 강하고 용감한 생물체만 진화하고 살아남는다고 주장하는 이론 이 아니라는 점이다. 상황에 유연하게 대처하고 자신의 생존을 최우선 순위에 두며 쓸데없는 모험이나 만용을 부리지 않는 동물 이 이 책에서는 진정한 적자이다. 그리고 이 비겁자들이 바로 적 자의 범주에 포함된다.

책을 번역하는 동안 일부 논리의 비약이 느껴지는 대목도 없지

는 않았다. 그러나 수많은 실례와 자료를 제시하며 저자가 진정
으로 주장하려는 것은 개인의 자유에 대한 무한한 애정 그리고
전체주의에 대한 반감과 혐오이다. 그것은 저자가 바로 제2차 세
계대전의 끔찍한 희생을 간접적으로 경험한 오스트리아인이기 때
문에 더 실감하는 부분이 아니겠는가.

마지막으로 이 책은 생명에 대한 찬가이며 자신의 생명뿐 아니
라 살아 있는 생명을 모두 소중하게 여기고 살아가는 이들에게
바치는 격려의 찬가라고 생각한다. 힘든 일상 속에서 묵묵히 자
신이 원하는 것을 찾으며 살아가는 모든 겁쟁이를 위한 책이다.

2011년 6월

—이덕임

겁쟁이가 세상을 지배한다

발행일 2011년 7월 10일
지은이 프란츠 M. 부케티츠
옮긴이 이덕임
펴낸이 하태복

펴낸곳 이가서
주소 서울특별시 영등포구 양평동 2가 37-2번지 양평빌딩 406호
전화 02-336-3502
팩스 02-336-3009

등록번호 제10-2539호

ISBN 978-89-5864-291-6 03300

• 가격은 뒤표지에 있습니다.
• 잘못된 책은 바꾸어 드립니다.